Viel Lärm um mich

EDITH SCHREIBER-WICKE

VIEL LÄRM UM MICH

Thienemann

Für Laula und Tamara,
für Anika und Christina

und – danke, Svenja!
Ohne dich gäbe es dieses Buch nicht.

ES GIBT IMMER EIN VORHER UND EIN NACHHER ODER: DAS LEBEN ZWISCHEN DEN GEDANKENSTRICHEN

1.

Ihre Lippen sind zu rot.

Das war es, was mir einfiel, als ich zusah, wie ihr Mund sich bewegte. Genau wie in manchen Träumen ging der Sinn des Gesagten verloren, wurde unverständlicher Wortbrei. Eine zähe Flut von Lauten, aus denen einzelne Silben herausragten. Umso deutlicher sah ich die Farben. Dieses zweigeteilte Rot, das sich in einem fort bewegte, die weißen Zähne bisweilen freilegte, auf die stellenweise das zu grelle Rot abgefärbt hatte. Ich weiß ja, warum ich keinen Lippenstift mag.

Plötzlich war die Stimme wieder da. Genau wie wenn man einem Fernseher den Ton wegdreht, beim Werbeblock zum Beispiel, dann, wenn man zurück ist aus dem Badezimmer, zur Fernbedienung greift und ihn wieder aufdreht, weil der Film weiterläuft.

»... was du später nie wieder nachholen kannst.« Das war der live zugeschaltete O-Ton. Ein zufällig Mithörender hätte sich jetzt bestimmt gefragt, was das sein könnte, das ich später nie wieder nachholen kann. Von welcher versäumten Gelegenheit da die

Rede war. Ein Abendessen mit Justin Timberlake? Ein Date mit Prinz William? Eine Einladung auf die Yacht eines Filmproduzenten? Ich wusste natürlich genau, was das nicht Nachholbare war. Selbst wenn ich dieses Satzfragment nicht gehört hätte. Diese Diskussionen kreisten immer um ein Wort: Matura. Die sogenannte Reifeprüfung als Ergebnis von acht endlosen Jahren in einer ungeliebten Schule. Um dieses magische Zeugnis, das mir alle möglichen Türen öffnen sollte. Türen, die mich nicht im Mindesten interessierten. Wollte ich Astrophysikerin werden? Gerichtsmedizinerin? Staatsanwältin? Ganz bestimmt nicht. Man braucht kein Abschlusszeugnis von einem Gymnasium für das, was für mich nicht einmal ein Traumberuf war, sondern ganz schlicht das einzig Mögliche.

»Wie kannst du nur so sicher sein, dass du für die Schauspielerei talentiert bist? Bloß weil du einigermaßen unterhaltsam deine Englischlehrerin imitieren kannst?«

Ein unfairer verbaler Untergriff, war meine Meinung zu dieser Äußerung. Krass uncool, jetzt wieder auf die alte Geschichte anzuspielen. Und mich auf diese eine (sowieso in humorloser Weise unterbrochene) komische Rolle zu reduzieren. Dass ich nach einer kurzen Astrid-Lindgren-Phase jedes Theaterstück gelesen habe, das ich in die Finger bekam – das zählt nicht? Wo bei anderen die gähnende Leere in den Bücherregalen höchstens durch einen Krimi, ein paar Comics oder schnulzige Liebesgeschichten unterbrochen wird, stehen bei mir meterweise Dramatiker. Klassisch, modern, in teuren Goldschnittbänden (Geburtstag) und gelben Reclamheften (Taschengeld). Sie stehen nicht nur, sie werden auch gelesen, neu interpretiert, einem kritischen Publikum von gebildeten Teddybären vorgespielt.

»Und selbst wenn wir davon ausgehen, dass du Talent hast – dann ist die Chance immer noch ziemlich groß, dass du einer von den talentierten Sozialhilfe-Empfängern wirst. Weißt du, wie viele arbeitslose Schauspieler es gibt?«

Ich antwortete nicht. Einerseits, weil es darauf nichts zu sagen gab. Andererseits, weil ich sehen wollte, wie lange sie diesen Monolog ausdehnen würde. Ich war ganz schön genervt. Wer bekam denn schon eine Jobgarantie fürs Leben? Von einer Glücksgarantie ganz zu schweigen. Wenn schon arm und unbeschäftigt, dann wollte ich wenigstens als Schauspielerin arm und unbeschäftigt sein.

Eigentlich kamen meine Mutter und ich sonst immer ganz gut miteinander aus. So gut eben Leute miteinander auskommen, die mit völlig gegensätzlichen Dingen beschäftigt sind. Ich mit Erwachsenwerden und sie mit Nichtälterwerden. Ich mit dem Gefühl, noch jede Menge Zeit zu haben für den ganzen Beziehungsmist. Und sie mit Anfällen von Torschlusspanik.

Dabei sieht sie noch ziemlich gut aus, soweit das mit zweiundvierzig eben geht.

Aber diese Sache mit der Schauspielschule war das Ende einer friedlichen Koexistenz zu zweit. Genau: zu zweit. Sie und ich. Seit sie meinem Vater die Koffer vor die Tür gestellt hat, vor – wie vielen Jahren eigentlich? Sieben? Acht? Mein Vater ist Tropenmediziner, was an sich noch kein gröberer Fehler wäre, aber außerdem ist er unwiderstehlich. Jedenfalls denkt er das und muss es sich selbst pausenlos beweisen. Das Fremdwort für Einehe? Monotonie! Sein Lieblingsscherz. Haha. Irgendwann hat er dann einer besten Freundin meiner Mutter die körperlichen Auswirkungen von Gelbfieber oder Malaria irgendwie zu anschaulich erklärt. Das jedenfalls ist die Version meiner Mutter. Mein Vater hat irgendetwas gemurmelt von Überreaktion und du kennst sie doch. *Much Ado About Nothing*. Viel Lärm um nichts. Sagt er. Das Seltsame ist nur, dass irgendwie beide trotzdem nicht voneinander loskommen. Meine Mutter sucht genau so ein Exemplar, wie mein Vater ist, bloß in einer treuen Version. Und mein Vater wäre mit meiner Mutter wunschlos glücklich, wenn sie Toleranz für eine Tugend hielte und nicht für Blödheit. Komödie der Irrungen sozusagen. *Comedy of Errors*. Im Fall unserer Familie ein Lustspiel mit äußerst begrenztem Unterhaltungswert. Elterntrouble nervt beträchtlich.

Ich hab ja mal in jungen Jahren daran gearbeitet,

die beiden wieder zusammenzubringen, so wie in der Geschichte vom doppelten Lottchen, aber das Vorhaben ist gescheitert. Vielleicht mangels Zwillingsschwester oder weil es im wirklichen Leben keine Märchen gibt. *Love's Labour's Lost*. Verlor'ne Liebesmüh, um wieder mit William, dem Unvergleichlichen, zu reden.

Erstaunlich, wie viel man denken kann, während man zusieht, wie sich Lippen bewegen. Sehr rote Lippen in Konkurrenz mit dem Dunkelrot der kurzen stacheligen Haare und den hellroten und blonden Strähnen drin. Ich an ihrer Stelle würde den Friseur anzeigen, der mir das antut, dachte ich.

Gegenüber im Kaffeehaus wurden eilig die großen Sonnenschirme eingeholt, weil der Wind zu einem Sturm ausartete.

»... ein für alle Mal beendet«, setzte der O-Ton wieder ein.

Einverstanden, dachte ich. Die Sache ist erledigt. Es war der absolut letzte Versuch, zur Aufnahmeprüfung in der Schauspielschule mit ihrer Einwilligung anzutreten.

Sie hatte nicht mit bedingungsloser Kapitulation gerechnet. Stellte sich neben mich ans Fenster und wir sahen eine Weile zu, wie der Wind Fußgänger über den Zebrastreifen wehte.

»Ich bin froh, dass du es einsiehst«, sagte sie.

Ihre Argumente waren auf mich niedergeprasselt

wie taubeneigroße Hagelkörner. Hagel sieht man nicht ein, man stellt sich irgendwo unter und wartet, bis er vorbei ist.

»Es ist doch nur noch ein Jahr«, sagte sie.

Ein verlorenes Jahr. Nicht mit mir. *Wir zweifeln an der Erziehungswirkung des Zwanges,* meinte mein Stimmbildungsbuch zum Buchstaben Z. Wie recht es hatte.

Aus dem Argumentehagel war lauer Sommerregen geworden. Den würde ich auch noch abwarten.

»Eines Tages wirst du froh sein.«

Ich glaube nicht, dass es unter allen Elternsprüchen einen gibt, der noch mehr nervt. »Ist das die Stelle, wo ich auf und ab hüpfen muss und Danke sagen?« Die Frage hatte ich leider nicht unterdrücken können.

»Das ist die Stelle, wo wir besser aufhören zu diskutieren.«

Diskutieren? Sie nannte ihren Monolog Diskussion? Aber egal. Mein Entschluss stand sowieso fest. Wenn nicht offen und ehrlich, dann eben hinterrücks. *As You Like It.* Wie es Euch gefällt. William der Große passt immer.

2.

Ausnahmsweise war ich froh über den heftigen Wind. Manchmal tut es gut, sich gegen etwas zu stemmen und die Erfahrung zu machen, dass man stärker ist. *Der Kapitän nahm, auf der Schiffsbrücke stehend, trotz der scharfen Brise seine Prise Tabak.* Stimmbildungsbuch. Korrekte Aussprache der Buchstaben B und P.

Geisterstunde mitten am Tag. Ein Fahrrad, das vor mir auf dem Gehsteig lag, sah seine Chance gekommen, sich selbstständig zu machen, und zerrte an der Kette, mit der es an einen Lichtmast gekettet war. Ein weißes Gespenst blähte sich im Flug auf und blieb als Plastikbeutel an einem Verkehrsschild hängen. Eine alte Frau, die aussah wie aus Spinnweben zusammengesetzt, hielt sich an ihrer Einkaufstasche fest. Ein brauner Papiersack mit »Ja, natürlich!«-Kartoffeln war darin zu sehen. Ich fragte sie, ob ich ihr helfen sollte, aber sie zuckte zurück, schaute mich misstrauisch an und umklammerte die Henkel ihrer Tasche so fest, als hätte sie Angst vorm bösen Kartoffelräuber. Kein Vertrauen in die heutige Jugend. Ich nahm's ihr nicht übel. Der Wind trieb mich ohnehin schon weiter, vorbei an der Spinnwebenfrau, die ohne Kartoffelsack bestimmt einfach durch die Luft gewirbelt worden wäre.

Man kann sich für die sogenannte Zulassungsprüfung in der Schauspielschule klarerweise auch per Internet anmelden. Aber ich wollte es auf die altmodische Art machen. Das erschien mir sicherer. Einem richtigen Menschen ein nicht virtuelles Anmeldeformular in die Hand geben. Außerdem misstraue ich Computern, was ihre Geheimhaltungspflichten betrifft. Sobald jemand, der sich auskennt, die richtigen Knöpfe drückt, plaudern sie gnadenlos alles aus. Und mir war klar, dass meine Mutter die richtigen Knöpfe kennt, sie ist schließlich Computergrafikerin. Vertrauen? Ethik? Respekt vor den Geheimnissen anderer? Ich behaupte, dass Mütter ohne jede Hemmung sind, wenn sie glauben, das Wohl ihrer Kinder im Auge haben zu müssen. Dass ich mit meinen knapp siebzehn Jahren längst über das Kindesalter hinaus war, half auch nicht. Alter schützt vor Torheit nicht. Der Torheit der Mütter nämlich.

Verkehrsschilder schepperten, zwei Hüte flohen zielstrebig vor ihren ziemlich dickbäuchigen Verfolgern. Ich hätte leicht zumindest eine der beiden albernen Kopfbedeckungen festhalten können, aber meine Sympathien haben immer schon den Verfolgten gehört. Und den beiden Dicken tat etwas Bewegung entschieden gut. *The summerwind came blowing in from across the sea*, hörte ich Frank Sinatra singen, der ziemlich oft Mutters Arbeitsstunden am Computer begleitet. Ich summte mit.

Insgeheim hatte ich befürchtet, dass die Sekretärin im Stadtbüro mir Fragen stellen würde. Oder mich forschend betrachten, taxieren, wie meine Chancen zu beurteilen wären. Oder mich fragen, ob meine Eltern einverstanden waren. Aber die Frau undefinierbaren Alters mit der unkleidsamen Brille und der zu fest gewickelten Dauerwelle hätte höchstens mit einer Überdosis Valium noch gleichgültiger sein können. Wäre King Kong vor ihr gestanden, hätte sie ihm vermutlich auch nur wortlos das Formular in die haarige Pranke gedrückt.

»Leserlich bitte!«, sagte sie zu meinem untersten Jackenknopf, als ich vor ihrem Schreibtisch stand.

Ich war allein in dem schäbigen Vorraum, während ich den Vordruck ausfüllte. Keine Spur von Theaterluft. Büromief. Einen Tisch gab es nicht, nur ein Fensterbrett als Unterlage. *Fuck it*, stand da, mit zornigen Filzstiftbuchstaben auf den gelblichen Lack gegriffelt. Von jemandem mit einer großen Zukunft hinter sich? War dieser Jemand nach der nicht bestandenen Aufnahmeprüfung an den Ort der Anmeldung zurückgekommen, um seine seelische Verfassung zum Ausdruck zu bringen? Hinter jedem *Fuck it* eine große Enttäuschung. Ich habe ein geradezu krankhaftes Interesse an Schicksalen. Vielleicht kommt meine Liebe zum Theaterspielen daher. Kurz einmal als Ophelia in geistiger Umnachtung zu versinken und dann wieder im Vollbesitz gesunden Hausverstandes vom Blumenmädchen zur Fair Lady zu avancieren. *Wouldn't it be loverly!*

Zurück zum Fragebogen. Es war nicht viel, was man da eintragen musste. Alter, bisherige Schulen, Adresse, Staatsangehörigkeit. Elterliche Zustimmung oder Ähnliches schien niemanden zu kümmern. Gut so.

Dann etwas, womit ich nicht gerechnet hatte. Sie wollten wissen, welche vier Rollen man für die Prüfung vorbereiten würde. Zwei klassische, zwei moderne, in Teilrollen, jeweils nicht länger als fünf Minuten. Mein Datenspeicher war Ödland bis auf einen Satz aus dem Stimmbildungsbuch: *Der prunkliebende Prinz brachte auf seinem Packwagen viel Ballast in seinen prachtvollen Palast.* Da stand ich, im Vorraum zum Sekretariat, und mir fiel nicht eine einzige der Rollen ein, die ich in letzter Zeit einstudiert hatte. Ich atmete tief durch und fragte mich, ob ich wohl eine Theaterpremiere durchstehen würde, wenn schon die Anmeldung zur Prüfung derart bedenkliche Erscheinungen von Lampenfieber hervorrief. Nachdem der Satz vom prunkliebenden Prinzen mehrmals durch den Leerraum gerast war, den man im Allgemeinen Gehirn nennt, kam die Erinnerung langsam wieder. Immerhin hatten die achtundsechzig Teddybären in meinem Zimmer einiges an Dramatik über sich ergehen lassen müssen in den letzten Monaten.

Oh, Männer, Männer, Ihr verdient es wahrlich nicht, dass eines Weibes Herz um Euretwillen bricht. Ihr zieht ruhig Eurer Wege, unbekümmert, ob eine Träne in des Weibes Auge schimmert, die Euer schonungsloser Leichtsinn Ihr erpresst, Ihr spielt und tändelt und vergesst. Marie Holl in Grillparzers *Wer ist schuldig*. Keine Ahnung, warum mir ausgerechnet diese Zeilen jetzt einfielen. Super Sprachrhythmus, aber inhaltlich doch ein bisschen vorgestrig. Andererseits: Man kann auch gut sein, wenn man sich mit einer Rolle überhaupt nicht identifiziert.

Wilt thou be gone? It is not yet near day. It was the nightingale and not the lark, that pierced the fearful hollow of thine ear. Shakespeares Julia. Mhm. Bereiten wahrscheinlich alle vor. Dann bin ich die zigste Julia an dem Tag und Prüfer nehmen garantiert übel, wenn man sie langweilt.

Was sonst?

Des Menschen und der Überird'schen Los,
es mischt sich nimmer in demselben Becher.

Grillparzers Sappho. Superdrama, Supersprache. *Hast du gewählt, dann ist kein Rücktritt mehr.* Doch, angeblich kann man bei der Prüfung noch immer eines der Stücke austauschen.

Der Teufel geht in Salem um, Herr; wir müssen finden, wo er sich verbirgt. Die Mary Warren aus der *Hexenjagd*. Ist Arthur Miller eigentlich schon ein Klassiker oder gilt er als modern?

Ein Typ im Anzug marschierte vorbei und warf mir einen interessierten Blick zu.

Ich habe Ihre Blicke auf meinem Kleid gespürt. Tastend, wie Hände. Na, Sie werden schon wissen, was Sie mit Ihren Augen machen. Mit den Augen eines Fremden. Die Rolle der Vera. Mhm. Warum nicht? Das gilt sicher als modern.

Ruhig werden, ruhig werden, leckt mich am Arsch. Noch moderner. Hase versucht in dem Stück *Hase Hase* mit seinem Planeten Verbindung aufzunehmen. Bestimmt modern genug. Vielleicht zu modern? Die meisten Kommissionsmitglieder sind irgendwelche Grabdeserteure nördlich der fünfzig und mögen keine drastische Sprache.

Oder doch die Rosalinde aus *Wie es Euch gefällt*?

In einem schnellen Entschluss schrieb ich die Titel von vier Stücken auf das Formular.

Ein Merkblatt teilte mir die genaue Adresse des Prüfungsortes mit und dass ich mich am Montag, 25. Juni, um neun Uhr dort einzufinden hatte. Gut, ich werde mich einfinden. *Der baskische Bauer brachte den Bassisten ohne Pass über die Pyrenäen,* murmelte ich vor mich hin. Auch ein Übungssatz aus meinem Buch über Stimmbildung. Immer schön zwischen B und P unterscheiden. Wer denkt sich so was eigentlich aus? Jemand sollte ein Stück schreiben, nur mit solchen Sätzen.

Über den Ablauf der Prüfung stand nichts auf dem

Merkblatt, aber den kannte ich aus Erzählungen. Zwei Tage lang: erste Runde für alle Kandidaten. Grobes Auswahlverfahren. An den beiden nächsten Tagen: zweite Runde, für diejenigen, die es so weit geschafft hatten. Und am letzten Tag die entscheidende dritte Runde für die wenigen, die nach der zweiten Runde noch übrig waren.

Die Sekretärin telefonierte, als ich das Formular zurückbrachte. »Nein, fettarme Milch«, sagte sie gerade in strengem Tonfall, »wie oft soll ich das noch sagen.« Es war ihr also doch nicht alles gleichgültig.

Ich hätte jetzt gern jemanden angerufen, eine beste Freundin zum Beispiel. Oder eine zweitbeste. Aber ich habe seltsame Distanzsensoren eingebaut. Bei zu viel Nähe setzt Fluchtverhalten ein. Da war niemand im umfangreichen Adressenspeicher meines Handys, mit dem ich dieses Geheimnis teilen wollte.

Der Wind war mittlerweile ziemlich erschöpft davon, herumziehende Wolkenfetzen zu vertreiben und Hüten zur Flucht zu verhelfen. Der Himmel hatte das ausgewaschene Blassblau meines Lieblings-T-Shirts. Überhaupt schien sich das Wetter daran zu erinnern, dass der April schon eine ganze Weile her war. Auf dem Karlsplatz wankte einer mit entrücktem Lächeln aus der U-Bahn-Station. Voll zugedröhnt. Noch ziemlich jung, mit einer Gesichtsfarbe, als hätte ihn jemand gekonnt auf Wasserleiche geschminkt. Schon wieder ein Schicksal. Ich überlegte, ob es zu Shakespeares Zeiten noch keine Junkies gegeben hatte. Oder ob ihn das Thema bloß nicht interessierte. Seelisch Betäubte sind keine brauchbaren Projektionsflächen für Gefühle. Aber was bin ich?, dachte ich. Ein Rollenjunkie! Wie heißt der Fachbegriff für die Darstellerin von dramatischen Bühnenrollen? Heroine. Na eben. Sprachlich gar nicht so weit weg von dem Zeug, das der wandelnden Wasserleiche ihr Dauerlächeln verpasste.

Die spielenden Kinder im Park waren mit ihren eigenen Problemen beschäftigt. Zwei von ihnen balgten sich mit verbissenem Ernst um irgendetwas. Existenzkampf pur. Aus irgendeinem Grund blieb ich stehen und beobachtete den Kriegsschauplatz. Noch lief alles einigermaßen fair ab. Dann trat eines der kleinen Monster dem anderen ganz plötzlich tückisch und heftig gegens Schienbein. Der Getretene ließ unter lautem Schmerzgebrüll das umkämpfte Streitobjekt fallen.

Eine Mutter eilte heran.

Der Treter sah seinen Sieg gefährdet. »Er hat angefangen!«, schrie er und schluchzte herzerweichend. Die Mutter tröstete umständlich den Aggressiven und ermahnte streng den anderen. Der hörte zu weinen auf. Sein Gesichtsausdruck ließ erkennen, dass er soeben begriff, wie die Welt funktioniert.

Dergleichen Toren füll'n die Welt mit so viel garst'gen

Kindern an, murmelte ich. Eines meiner Lieblingszitate. Rosalinde in *Wie es euch gefällt*. Hätte ich mir vielleicht aussuchen sollen, dachte ich. Aber ich bin eigentlich kein komisches Talent.

Die Sonne schickte noch rasch vor dem Untergehen einen junimäßigen Wärmeschub. *Am Waldesrand lagerten lange Schatten, atmend im Abendglanz standen die Matten*. Noch so ein Satz, der die Stimme schulen soll. Ich hatte ihn laut gesagt und ein paar Leute drehten sich nach mir um. Ich machte eine kleine Verbeugung, da gingen sie rasch weiter.

Vielleicht wär ich doch komisch genug für die Rosalinde.

Als ich nach Hause kam, schmolz eben der Käse auf der Tiefkühlpizza unter dem Grill. In den guten Zeiten der kompletten Familie pflegte mein Vater zu sagen, seine liebe Frau wüsste vermutlich nicht einmal, wo sich in ihrer Küche der Herd befindet. Eine klare Fehldiagnose. Für meine Mutter ist Kochen etwa dasselbe wie Sockenstopfen oder Bettwäschebügeln und daher glatte Verschwendung wertvoller Lebenszeit. Aber im Auftauen von Tiefgekühltem ist sie einsame Spitze. Ich schnupperte argwöhnisch und kontrollierte zur Vorsicht den Verpackungskarton. Pizza Margherita. Also ohne totes Tier. Ich bin seit meinem zwölften Lebensjahr Vegetarierin, aber meine Mutter vergisst das manchmal. Wie soll man sich so kleine

Eigenheiten bei seiner einzigen Tochter auch merken!

In den Fernsehnachrichten redete ein wohlgenährter alter Mann in reich bestickten Brokatgewändern über die schreckliche Armut in der Welt. Dann ging er dazu über, Verhütungsmittel als unchristlich zu bezeichnen, weil der Zweck der Ehe darin bestünde, Kinder zu produzieren. Er bemühte sich vergeblich um einen Ausdruck von Güte in seinem Gesicht.

»Kannst du mir erklären, warum Millionen Menschen auf den hören?«, fragte ich.

»Religion kann man nicht erklären«, sagte meine Mutter und streute *peperoncino* auf ihre Pizza. »Oder vielleicht doch. Irgendwie glauben die Leute einfach, dass er die besseren Verbindungen nach oben hat.«

»Einen guten Kostümbildner hat er jedenfalls«, bemerkte ich.

»Genau«, nickte meine Mutter. »Jemand, der so teuer angezogen ist, muss recht haben.«

Den diversen unerfreulichen Nachrichten zum Trotz waren wir beide wieder gut gelaunt. Aus ziemlich gegensätzlichen Gründen. Meine Mutter, weil sie dachte, ich hätte endlich eingesehen, dass dieses letzte Schuljahr unerlässlich war. Und ich, weil ich davon überzeugt war, dass mich eine bestandene Aufnahmeprüfung davor bewahren würde, noch ein Jahr mit dem Lernen unnützer Dinge zu vergeuden. Weiß der Himmel, der blassblaue, warum ich so sicher war, dass sie mich nehmen würden! An die fünfhundert Kandidaten melden sich zu jeder der beiden Prüfungen im Juni und im September an. Acht werden üblicherweise aufgenommen. Diesmal ich und noch sieben, hatte ich beschlossen. So was nennt man die Kraft positiven Denkens.

3.

Nächster Morgen. Der erste in meinem neuen Leben als Kandidatin der einzigen Schauspielschule, die für mich infrage kam. Neben Lee Strasberg in New York selbstverständlich, aber es wäre ein wenig schwierig gewesen, mich dort heimlich zur Prüfung anzumelden.

»Da ist er wieder«, sagte meine Mutter.

Ohne das Zähneputzen zu unterbrechen, blieb ich neben ihr am Fenster stehen. »Uou? Uer?«, schäumte ich.

»Dort drüben, siehst du ihn? Jetzt steht er vorm Juwelier.«

Ich warf einen kurzen Blick auf einen Hinterkopf und ein zerknittertes Leinensakko und konnte beim besten Willen nichts Interessantes an beidem erkennen. Ich setzte meine Wanderung fort. Im Stehenbleiben kann ich ganz schlecht Zähne putzen.

»Ist er dir noch nie aufgefallen?«, fragte meine Mutter, als ich aus dem Badezimmer zurückkam. »Seit ein paar Tagen steht er eine Weile da rum, tut, als würde er Zeitung lesen, und verschwindet dann wieder. Manchmal morgens, manchmal zu Mittag. Vielleicht hast du einen heimlichen Verehrer?« Die ständige Hoffnung meiner Mutter.

»Tschu alt«, befand ich und ging ins Badezimmer, um die schäumende Zahnpasta auszuspucken.

»Er hat schon ein paarmal heraufgeschaut, genau zu diesem Fenster«, sagte meine Mutter, als ich zurückkam. Sie ließ nicht locker.

»Wahrscheinlich hat er den berechtigten Verdacht, dass ihn jemand beobachtet.«

»Irgendwas an ihm erinnert mich an Keanu Reeves«, sagte meine Mutter.

Das hat sie auch schon über drei Söhne aus ihrem Freundeskreis behauptet. Und nur, weil ich einmal so nebenbei erwähnt habe, dass ich Keanu Reeves als Typ und als Schauspieler supergut finde. Wenn meine Mutter nicht gerade damit beschäftigt war, mir meine schauspielerischen Ambitionen auszureden, dann versuchte sie mir einzureden, dass ich einen Freund brauchte. Mit verdächtiger Regelmäßigkeit waren wir bei Bekannten meiner Mutter eingeladen, die rein zufällig mehr oder weniger attraktive Söhne im passenden Alter hatten. Zum Glück reagieren Söhne, die verkuppelt werden sollen, ausgesprochen genervt. Und selbst wenn der eine oder andere dabei gewesen wäre, bei dem gegenseitige Sympathie nicht ausgeschlossen war, die Situation machte uns jedes Mal zu Verbündeten mit dem einzigen Ziel, bloß nie wieder miteinander zu tun zu haben.

Andere Mütter machen sich Sorgen über zu frühe Männerbekanntschaften ihrer Töchter, meine fürchtete, ich könnte meine Unschuld nicht loswerden. Was eine absolut unbegründete Angst war, weil es da seit ein paar Monaten nichts mehr zu verlieren gab.

Geheimnisse sind gläserne Wände. In dem Augenblick, damals am Fenster, hatte ich das Gefühl, dass die Wand zwischen meiner Mutter und mir eine Art Vergrößerungsglas war. Ich sah sie deutlicher als sonst. Die beiden senkrechten Einkerbungen auf der Stirn. Eine Menge kleinerer Falten rund um die Augen. Zum ersten Mal fiel mir das Muttermal seitlich an ihrem Hals auf. Und dass sie keine Ahnung hatte, wie wenig sie von mir wusste. Seltsamerweise provozierte das eine Art Zärtlichkeit.

Die hätte ich gern gezeigt, aber es war nicht der Augenblick dafür. Noch begann der Tag für mich um acht.

»Ich muss los«, sagte ich.

»Aber du hast nichts gegessen«, protestierte sie.

»Mach's gut.«

Die Wohnungstür fiel hinter mir zu.

Zu Geburtstagen fasst man bekanntlich immer irgendwelche Vorsätze. Ich hatte mir an meinem sechzehnten Geburtstag vorgenommen, meine Unschuld loszuwerden. Der unmittelbare Anlass war Arthur Schnitzler. Genau genommen eines seiner Stücke. Eigentlich ist dieser *Reigen* nichts anderes als eine Ansammlung von Szenen. 1920 verursachte die Berliner Aufführung einen Skandal, hatte ich im Vorwort gelesen. Zunächst ein Verbot wegen Unzüchtigkeit des Textes. Haha, so was zeigen die heute im Nachmittagsprogramm! Gespielt wurde das Stück des jüdischen Autors trotzdem. Folgerichtig fand irgendein deutschnationaler Professor dadurch die öffentliche Sittlichkeit beleidigt und erstattete Strafanzeige. Dumpfbacke. Ich las das Stück und blieb an den Gedankenstrichen hängen. Sie teilen die einzelnen Szenen in ein »Vorher« und »Nachher«. Das Dienstmädchen und der junge Herr, die Schauspielerin und der Graf – immer dasselbe Schema: Dialog vorher, dann die berühmten Gedankenstriche, Dialog nachher. Die Beziehung zwischen den Personen hatte sich während der Gedankenstriche verändert. Hm. Irgendwie kam ich mir vor wie ein Nilpferd im Ballett. Null Ahnung. Ich gebe zu, man muss auch niemanden umbringen, um eine Mörderin zu spielen, wer aber die einfachsten *facts of life* nur von Soaps im Fernsehen oder aus dem Biologieunterricht kennt, der hat darstellerisch ein Problem.

Im Gegensatz zum Nilpferd sollte es für mich nicht allzu schwer sein, dieses Informationsdefizit auszugleichen, dachte ich mir.

Sandro, mein Kandidat, war sorgfältig ausgewählt. Kein Analphabet, keine Akne, kein Körpergeruch. Ein Jahr älter, also nicht aus meiner Klasse. Soviel ich diversen Pausengesprächen entnehmen konnte, galt er zwar nicht als cool (zu wenig sichtbare Körperbehaarung, keine Tattoos), aber als süß. Süß fand ich ausreichend. Ausnahmsweise wollte ich mich mangels eigener Erfahrungen an die schulintern gültige Werteskala halten. Außerdem hatte er in der Aufführung unserer Theatergruppe den Romeo gespielt (klarerweise war ich die Julia gewesen), was in meinen Augen die Balzzeit im wirklichen Leben wettmachte. Außerdem war er solo. An Auseinandersetzungen mit einer eifersüchtigen Freundin lag mir nichts. Ein perfekter Kandidat. Hinderlich war nur, dass er wenig Lust zeigte, irgendeine Art von Initiative zu ergreifen.

Als meine Mutter ankündigte, für zwei Tage zu einer Versammlung von Werbeleuten nach Cannes fahren zu wollen, ging ich zum Angriff über. Mutterfreie Zeiten waren selten. Ich kann nicht behaupten, dass ich besonders subtil vorging. Das Ergebnis war trotzdem gleich null. Er hob zwar netterweise das Buch auf, das ich in der Pause neben ihm fallen ließ, aber das war's auch schon. Und nachdem ich ihm eine Cola über seine neuen Turnschuhe geschüttet hatte (niemand kann so gekonnt stolpern wie ich), schien er geradezu einen Bogen um mich zu machen. Also steuerte ich ihn sehr direkt an und fragte, ob er Lust hätte, mit mir ein paar Szenen zu probieren. Er wirkte in die Enge getrieben, erinnerte mich ein wenig an meinen (leider früh verstorbenen) Goldhamster, wenn er sich im Käfig hinter den Salatblättern verstecken wollte, und war vermutlich nur zu höflich, um Nein zu sagen.

Unter den gläsernen Blicken meiner Bären stöberte ich in meiner dramatischen Bibliothek. Der *Reigen* erschien mir doch ein wenig zu vordergründig, *Romeo und Julia* hatten wir schon hinter uns. Sozusagen. Aber die *Liebelei* fand ich ziemlich geeignet. Große Gefühle hinter einfachen Worten. *Er hat von mir fortgehen können, mit einem Lächeln, fortgehen aus dem Zimmer und sich für eine andere niederschießen lassen* … Rührend. Irgendwie.

Kondome besorgte ich im Supermarkt. War ja möglich, nach seiner Reaktion zu schließen, fast wahrscheinlich, dass er nicht zu den allzeit Bereiten gehörte. Eigentlich erwartete ich, dass die Frau an der Kasse aufschauen würde, um mein Alter zu schätzen, aber sie zog die Packung mit dem ergreifend schönen Sonnenuntergang und der Information »gefühlsecht« genauso gleichgültig über den Scanner wie den Sixpack Cola und die Chocolat-Chip-Kekse.

Warum war die Sache dann eigentlich so schiefgelaufen?

»Du machst ein Gesicht, als hättest du eben erfahren, dass George Clooney geheiratet hat.« Teresa. Grau-weiß gestreifte Leggins, lila Minikleid, Wickeltop. Dazu ein Cowboyhut. Es gibt Menschen, die können anziehen, was sie wollen, an ihnen wirkt alles trendig. Teresa ist so jemand.

Ich bin mehr der klassische Typ. Alte Turnschuhe, abgefuckte Jeans und ausgefranste T-Shirts.

»George – wer?«, fragte ich.

Teresa ist das, was einer besten Freundin noch am nächsten kommt. George Clooney ist ihre fixe Idee. Aber ausgeprägter Clooneyismus ist ein weitverbreiteter Seelenzustand. Mir bedeutete er ebenso wenig wie Robbie Williams oder Leo di Caprio. Ich rede nur nicht drüber, man ist ja nicht gerne ein *outcast*.

Teresa rümpfte die niedlichen Sommersprossen auf ihrer Nase. »George – wer!«, wiederholte sie vorwurfsvoll. »Dir wird doch nicht etwa Sandro die Sinne verwirrt haben?«

Alarmglocken. Was sollte die Frage? Quatschte Sandro irgendwie blöd rum?

»Wie kommst du darauf?«, fragte ich.

»Na, die Art, wie er dich ansieht«, sagte sie.

Aha. Erleichterung. »Nämlich wie?«

»Wie mein kleiner Bruder einen doppelten Hamburger«, sagte sie nach kurzem Überlegen.

»Kann ich davon ausgehen, dass dein kleiner Bruder Hamburger mag?« Eine Verlegenheitsfrage.

»Er würde seine einzige ältere Schwester dafür verkaufen«, grinste Teresa. »Also sag schon! Läuft da was zwischen dir und Sandro?«

Ich schüttelte nur den Kopf. Wer wenig redet, verrät wenig.

Teresa ließ nicht locker. »Von mir kriegt er eine Sechs auf der zehnteiligen Clooney-Skala«, sagte sie. »Das ist ziemlich gut.«

»Und dein Markus?«, fragte ich. »Wo liegt der eigentlich?«

»Neuneinhalb beim Kennenlernen. Jetzt ist er auf sieben zurückgefallen. *As time goes by*. Wir sind fast ein Jahr zusammen. Eine Ewigkeit. Aber im Ernst: Lass uns mal was gemeinsam unternehmen. Zu viert.«

Wieder schüttelte ich den Kopf.

»Was hast du gegen Sandro?«

»Keine Schmetterlinge.« Das kam, ohne dass ich darüber nachgedacht hätte. Inspiriert vielleicht von dem kleinen Tattoo auf Teresas Schulter.

»Romantikerin«, sagte sie. »Die hören sowieso irgendwann auf zu flattern. Glaub einer Frau mit Erfahrung.«

Ich überlegte kurz, ob ich Teresa von meiner geheimen Anmeldung zur Aufnahmeprüfung erzählen sollte, ließ es aber dann doch bleiben. Wir würden ja sowieso im nächsten Jahr nicht mehr nebeneinander sitzen. *Dem lahmen Asiaten sah man niemals an, was er dachte.* Ich hatte es offenbar gemurmelt, denn Teresa schenkte mir einen von diesen Blicken, der mir vermutlich eine Narrenkappe zudachte. Teresa entwarf Hüte. Genauer gesagt Kopfbedeckungen, die als Schmuck gedacht waren und als Ausdruck der jeweiligen Persönlichkeit.

»Wieso ausgerechnet Hüte?«, hatte ich sie einmal gefragt.

»Wieso nicht?«

Auch eine Antwort.

»Mich interessieren Köpfe«, hatte sie nach einigem Nachdenken noch dazugesagt. Ist daran was auszusetzen?

Kopfschütteln meinerseits. Es war eigentlich fast gar nichts auszusetzen an Teresa.

4.

Ich erzählte natürlich doch jemandem von meiner Anmeldung. Gregor Schön, Schauspieler am Volkstheater. Er ist eigentlich kein Lehrer, sondern ein Schulfreund meines Vaters, der mir irgendwann angeboten hatte, mich zu unterrichten. Honorarfrei natürlich. Ich nahm das Angebot an. Weil es die einzige Art von Schauspielunterricht war, die meine Eltern tolerierten. Die Ahnungslosen. Mein Vater wäre wahrscheinlich mit einer Überdosis Malariamittel gegen ihn vorgegangen, wenn er gewusst hätte, wie schwer es für mich war, Gregor auf der nötigen Distanz zu halten. Die blond getönte Fönwelle saß immer perfekt, wenn ich zu ihm kam, er roch deutlich nach einem teuren, irgendwie exotischen Rasierwasser und schaute aus wie Brad Pitt in fünfzig Jahren. Die Tür zu seinem Schlafzimmer stand grundsätzlich einladend offen. Ganz bestimmt nicht bloß, um zu zeigen, wie gut die silberne Seidenbettwäsche auf den hellgrauen Teppichboden abgestimmt war. Zur Begrüßung und zum Abschied umarmte er mich jedes Mal wie ein Oktopus seine Beute.

Ständig suchte er Theaterstücke aus, in denen junge Mädchen irgendwelchen reiferen Herren hemmungslos verfielen. Albern. Und ziemlich durchschaubar.

Als ich ihm erzählte, dass ich heimlich zur Prüfung antreten würde, murmelte er etwas von einem Interessenskonflikt in Bezug auf meine Eltern, gelobte aber dann doch Stillschweigen. Er selbst hatte die Aufnahmeprüfung in die Schauspielschule auch ohne Wissen seiner Eltern gemacht, wie er mit einem tiefen Seufzer mitteilte. Gleich würde er irgendein Ding mit Seelenverwandtschaft abziehen.

»Jetzt sind wir Komplizen.« Tiefer bedeutungsvoller Blick aus viel zu blauen Augen. Farbige Kontaktlinsen vermutlich.

Ich seufzte innerlich und verzichtete auf eine Antwort.

»*Ich identifiziere mich mit deiner Idee und bin sicher, viel für dich tun zu können.*« Ein Satz aus dem Stimmbildungsbuch, vorgetragen mit seiner allerschönsten geschulten Stimme und klingendem I, dabei versuchte er, den tiefen, bedeutungsvollen Blick weiter zu intensivieren. Noch mehr Strahlkraft und man nennt es Laser.

»Dad lässt dich grüßen«, bemerkte ich. Das stimmte zwar nicht, mein Vater war gerade auf einer Tagung im fernen Djakarta, aber es schien mir an der Zeit, ihn zu erwähnen.

Die blicklichen Laserstrahlen ließen mich los. Ungern, aber doch. »*Der grelle Schrei des Sprechchores durchdrang und übertönte das Orchester*«, antwortete er, jetzt wieder ganz Schauspiellehrer.

Schon besser, dachte ich und wiederholte den Satz mit besonderer Beachtung der richtigen O.

Knitterleinensakko stand vor dem Café in unserer Straße. Zumindest nahm ich an, dass er es war, dessen Hinterkopf ich von unserem Fenster aus gesehen hatte. Ganz nettes Gesicht, da musste ich meiner Mutter recht geben. Die Ähnlichkeit mit Keanu Reeves war sehr entfernt, aber nachvollziehbar. Er schaute mich kurz an, sanftäugig, sichtlich desinteressiert, und vertiefte sich dann in das Studium der Preise von Cappuccino und Caffè Latte. Also wegen mir stand der Typ ganz bestimmt nicht da herum. Es schien eher so, als wäre ihm der kurze Blickkontakt nicht einmal besonders angenehm.

»Von der Liste meiner Verehrer müssen wir ihn leider streichen«, teilte ich meiner Mutter anschließend mit.

»Wie kannst du da so sicher sein?« Wenn meine Mutter mal von etwas überzeugt ist, kann sie unglaublich hartnäckig sein.

»Unsichtbarer für ihn hätte ich höchstens noch mit einer Tarnkappe sein können.«

Sie seufzte. »Warum gehst du nicht mal mit einem netten Jungen aus?«

»Hast du Angst, ich könnte übrig bleiben?«, fragte ich etwas genervt zurück. »Keinen Mann abkriegen, oder was?«

»Dafür bist du viel zu hübsch«, antwortete sie mit der sachlichen Selbstsicherheit, die Mütter in Bezug auf ihre Kinder haben. »Aber es wird Zeit, dass du nicht mehr nur in der Theorie deiner Theaterstücke lebst.«

Ich war versucht, ihr von meinem Ausflug in die Praxis zu erzählen, ließ es aber dann doch bleiben. Zu viele Fragen, zu viele Antworten, die ich nicht geben wollte.

»Wo sind sie, die guten alten Zeiten, in denen Eltern ihre Töchter vor den Gefahren des Lebens behüten wollten?«, sagte ich stattdessen.

Sie schüttelte den Kopf, war sichtlich nicht bereit, auf meinen lockeren Ton einzugehen. »Eltern können nicht für ihre Kinder Erfahrungen machen.«

Aber sie sollten ihnen auch nicht vorschreiben, wann sie welche Erfahrungen zu machen haben, dachte ich. Laut sagte ich etwas ganz anderes:

»Ich stand so ruhig in der Dichtung Auen,
mit meinem gold'nen Saitenspiel allein,
hernieder sah ich auf der Erden Freuden
und ihre Leiden reichten nicht zu mir.«

»Reden wir jetzt schon in albernen Versen miteinander?«, fragte sie.

»Von wegen albern. *Sappho,* Grillparzer«, antwortete ich würdevoll und verschwand in meinem Zimmer.

Ich dachte daran, was Gregor über das Stück gesagt hatte. Reine Geschichtsverfälschung. Phaon, der schöne Jüngling, war der guten Sappho völlig egal. Um Melitta ging es ihr in Wirklichkeit, um die schöne junge Sklavin. Die wollte sie um keinen Preis verlieren. Grillparzer, dieser heuchlerische Beamte, hat sich bloß nicht getraut, ein Stück über lesbische Liebe zu schreiben.

Heuchlerischer Beamter! Und das sagt jemand, der mit der Tochter seines besten Freundes lieber heute als morgen die silberne Seidenbettwäsche zerwühlen würde. Ich blätterte zum fünften Auftritt. *Ah – beim Himmel, sie ist schön!* Sappho über Melitta. Vielleicht hat Gregor recht. Zumindest damit.

Teresa fiel mir ein. Ihrer Meinung nach sah mich Sandro also an wie ihr kleiner Bruder einen Hamburger. Ja – und? Die Sache war gelaufen. Schiefgelaufen. Ganz falsche Dramaturgie. Ich hatte dort begonnen, wo im Theater der Vorhang fällt, die Leute klatschen und anschließend nach Hause gehen. War es denkbar, dass Sandro die ganze Sache anders sah? Und das ständige Gerede von den Schmetterlingen, die im Bauch zu flattern hatten – war das überhaupt ernst zu nehmen? Eine Stelle aus dem *Reigen* fiel mir ein: *Überhaupt gerade die Sachen, von denen am meisten g'red't wird, gibt's nicht ... zum Beispiel Liebe.*

Aber was es bestimmt gibt, ist eine Prüfung in weniger als zwei Wochen, dachte ich und begann den Monolog zu lernen, den der heuchlerische Beamte für die – vielleicht doch in Melitta verliebte – Sappho geschrieben hatte.

5.

Am nächsten Morgen wachte ich so früh auf, dass ich beim Müslilöffeln nach der Zeitung griff, obwohl ich an sich kein Newsfreak bin. Meine Mutter saß vor ihrem Cappuccino und sah mich mit der typischen Fremdheit des Abendmenschen an, der irrtümlich zu früh in den Tag geworfen wurde. Ich hatte ihr schon oft erklärt, dass sie wegen mir nicht aufzustehen brauchte, aber das war gegen ihre Vorstellung von den Pflichten einer Supermutter. Frühstück musste ich mir trotzdem selbst machen, weil ihr die komplizierte Mischung von Haferflocken oder Cornflakes mit Milch zu dieser frühen Stunde nicht zumutbar war. An einer Überschrift im Chronikteil blieb ich hängen. »Juwelierschreck wieder aktiv«. Ich überflog die detailliert dargelegte Methode des Trickbetrügers und kam zur Personenbeschreibung. Ein elegant wirkender Mann um die dreißig, auffallend gut gekleidet, groß, schlank, mittelbraune Haare. »Na«, sagte ich und schob ihr die Zeitung hin, »wenn das nicht der Knabe ist, der da ständig in unserer Straße rumhängt!«

Sie beäugte die Überschrift, tat mit ihrer Stirn das, was im Lauf der Zeit steile Falten macht, und öffnete dann immerhin die Augen so weit, dass sie auch das Kleingedruckte lesen konnte.

»Wahrscheinlich hat er vor, Schmuck zu klauen, und kundschaftet aus, wann die günstigste Zeit dafür ist«, sagte ich.

»Danach sieht er gar nicht aus«, erklärte meine Mutter, aber ich entdeckte ein wenig Unsicherheit in ihrer Stimme.

»Und wie hat man sich einen Juwelenräuber vorzustellen?«, fragte ich. »Schwarze Augenmaske à la Panzerknacker, Einbruchswerkzeug gut sichtbar am Gürtel und einen Jutesack in der Hand für die Beute? Hier steht doch: elegant und gut aussehend.«

»Die Beschreibung passt auch auf hundert andere«, protestierte meine Mutter.

»Ja, aber die hundert anderen lungern nicht dauernd vor dem Juwelier in unserer Straße herum.«

»Du siehst zu viele Krimiserien«, sagte meine Mutter.

»Und du zu viele Rosamunde-Pilcher-Verfilmungen«, konterte ich.

Klarerweise hielt ich auf dem Weg zur Schule Ausschau nach ihm. Knitterleinensakko war nicht zu sehen, dafür materialisierte sich plötzlich Sandro neben mir.

»Hi!«

»Hi.«

Schweigen. Wir hatten uns schon jetzt so wenig zu sagen wie andere angeblich nach dreißig Ehejahren.

»Sie spielen *Das Bourne-Ultimatum* in der Originalfassung im Burgkino«, sagte er schließlich, als wir schon fast bei der Schule waren.

Was sollte das werden? Eine Einladung?

Auch an dem Nachmittag damals hatten wir über Filme geredet. Zunächst einmal. Er erinnerte sich also daran, dass ich mir amerikanische oder englische Filme am liebsten im Original anschaue.

Er redete schon weiter, klang nervös. »Gute Kritiken. Ich würd ihn gern sehen. Du vielleicht auch?«

»Keine Zeit«, sagte ich. Schneller und entschlossener, als ich eigentlich wollte. »Muss mich auf eine Prüfung vorbereiten.« Noch ehe ich den Satz ganz zu Ende gesagt hatte, war mir klar, wie wenig überzeugend das klang. Genauso gut hätte ich sagen können, dass mich mein Raumschiff am Abend abholen würde, um mich wieder zurück nach Alpha Centauri zu bringen. Die Noten standen alle schon fest, kein Mensch lernte jetzt noch ernsthaft.

»Verstehe«, sagte er in entsprechend gekränktem Tonfall.

Ich überlegte, ob ich ihm von der Aufnahmeprüfung erzählen sollte. Immerhin gehörte er auch zur Kategorie der Theaterbesessenen. Rampensau nannte

Gregor jemanden wie ihn. Sonst eher schüchtern, aber wie verwandelt auf der Bühne. Ich muss eher langsam gedacht haben, denn mittlerweile war er mit einem gemurmelten »Ciao« weitergegangen. Nichts steht einem so sehr im Weg wie Intimität, dachte ich. Wenn das dazupassende Gefühl fehlt. Vielleicht wurde ja auch das Flügelschlagen von Schmetterlingen in diesem Zusammenhang stark überschätzt.

Ich fühlte mich sehr alt.

Monatelang hatte ich kaum noch an diesen Nachmittag gedacht, der meine einschlägige Unwissenheit und einen unwillkommenen Zustand beenden sollte. Jungfräulich. Allein das Wort klang nicht nach etwas, das ich sein wollte.

Jetzt, nach der Begegnung mit Sandro, drängte sich die Erinnerung auf. Daran änderten auch die Trigonometrieformeln nichts, die sich vor mir auf der Tafel vermehrten wie Insekten aus Kreide.

Er hätte nie die Initiative ergriffen. Ich war es. Noch dazu in der Rolle der eher scheuen Christine aus der *Liebelei. Ja, weil ich dann so eine Sehnsucht nach dir hab, als wenn du gar nicht in derselben Stadt, als wenn du ganz woanders wärst!* Und dann Fritz: *Du weißt ja doch nur eins, wie ich – dass du mich in diesem Augenblicke liebst …*

Ich wollte keine Liebesgeschichte. Nicht einmal Liebelei. Theatergefühle vielleicht, wenn überhaupt. Ich hatte ein Ziel vor Augen, war aber auf die Realität zu wenig vorbereitet. Die *facts of life* waren mir ausreichend bekannt. Man weiß Bescheid über Aids, Herpes genitalis, unerwünschte Schwangerschaft, Verhütungsmöglichkeiten. Man hat eine Ahnung davon, wie so ein Penis aussieht und wie er funktioniert. Na ja, so ungefähr jedenfalls. Ich war nicht einmal erstaunt über die Dimensionen, die er im Verlauf unserer Nahkampfaktivitäten annahm. Das hatte ich alles schon mal gesehen, zuletzt in Hochglanzmagazinen, die Teresas Vater heimlich (denkt er!) sammelt. Aber es gibt etwas, worauf einen niemand vorbereitet.

Etwas schubste mich unsanft aus meinen Gedanken. Teresas Ellbogen. Der Mathematikzombie an der Tafel erwartete offensichtlich eine Antwort von mir.

»Kann ich dich irgendwie dafür interessieren, wie man die Höhe eines Leuchtturms ermittelt, der unerreichbar auf einer Insel steht?«

Die Bilder in meinen Kopf sträubten sich gegen die Leuchtturmmetapher. Obwohl, na ja … Ich grinste.

»Schön, dass ich dich unterhalten durfte.« Jetzt war er beleidigt. Aber meine Note stand ja schon fest und nächstes Jahr würde ich keinen Turm mehr berechnen. Erreichbar oder nicht. Stattdessen würde ich lernen, wie man ihn perfekt ausspricht. *Er fuhr mit der Urne zu dem unheimlichen Turm zurück; es wuchsen dunkle Ulmen und Buchen rundum. Hustend, prustend und fluchend erklomm er den Turm der Ruine.*

6.

»Leg sie lesbisch an.«

Nachdem Gregor seine acht begrüßenden Arme samt Saugnäpfen wieder von mir entfernt hatte, waren wir bei Grillparzers *Sappho*.

»Bleib theoretisch und distanziert im Ausdruck deiner Gefühle, wo du die Untreue der Männer im Allgemeinen und die Phaons im Besonderen beklagst. Lass Ironie anklingen, sogar Spott, wenn du über Männer philosophierst:

Ein Kuss, wo er ihm immer auch begegnet,
stets glaubt er sich berechtigt, ihn zu nehmen.

Da ist nicht mehr dahinter als verletzte Eitelkeit, verstehst du. Sie, die gefeierte Dichterin, hat diesen Phaon als hübsche Trophäe mit nach Hause gebracht. Vielleicht auch als Alibi in Bezug auf ihre eigentliche sexuelle Orientierung. Aber wenn es um Melitta geht, wenn Sappho sagt: *Geh hin und hol die Sklavin mir zurück. Nur sie und niemand anders ließ ich suchen!*, da schieß aus voller Emotionskanone, das muss unter die Haut gehen. *Und schloss dich, selber noch ein kindlich Wesen, mit heißer Liebe an die junge Brust.* Wenn sie das zu Melitta sagt, da muss man spüren, dass sie liebt. Und leidet.«

Ich war skeptisch. »Sie beschwert sich doch das ganze Stück hindurch über diesen Phaon, dass er ihr wegen Melitta untreu wird. *SIE lebt in seinem schwurvergess'nen Herzen, SIE schwebt vor seiner schamentblößten Stirn*, sagt sie doch. Wenn ich ihre Eifersucht nicht glaubhaft bringe, dann halten sie das vielleicht nicht für eine Auffassungssache, sondern schlicht für Unbegabtheit.«

»Vertrau mir«, sagte Gregor. »Ein paar in der Kommission sind vielleicht eher durch Zufall hineingeraten, aber die meisten verstehen ihr Handwerk.«

Vertrau mir … Wenn das jemand sagt, dann ist meistens allerhöchste Vorsicht angebracht. Aber er war der einzige Lehrer, den ich hatte. Ich beschloss, ihm zu vertrauen. Zumindest was die Gestaltung der Rollen betraf.

»Glotzt nicht«, sagte ich an diesem Abend zu meinen Bären. »Wahrscheinlich seid ihr schuld.«

Sie begannen mich schon wieder zu nerven, nicht die Bären, die Gedanken an diesen Nachmittag mit Sandro. Da war etwas, worauf mich niemand vorbereitet hatte, worauf ich nicht gefasst war. Ich kenne unstillbaren Lachreiz – wegen irgendeiner Blödelei, aber auch den völlig grundlosen. So was tritt in vielen Situationen auf. Vor allem in der Schule, mitten im Unterricht. Böse Blicke lehrerseits, glucksendes Bemühen um Ernsthaftigkeit, irgendwann geht der Anfall vorüber. Kein Problem. Dass man aber in einer sogenannten romantischen Situation das Bedürfnis haben kann, laut loszulachen, das wird verschwiegen. Und traf mich daher völlig unvorbereitet.

Zunächst waren es die Blicke meiner Bären gewesen, die ich plötzlich irritierend fand. Achtundsechzig Paar gläserne Knopfaugen, die interessiert das Geschehen verfolgten! Ich kam mir vor wie auf einer Bühne mit glotzenden Zuschauern. Andererseits war ich ziemlich sicher, dass es Sandro aus dem Konzept bringen würde, wenn ich damit beginnen würde, einen Bären nach dem anderen mit dem Gesicht zur Wand zu drehen. Also ließ ich es bleiben und versuchte, mir nicht vorzustellen, was die Bären über uns dachten. Zum Beispiel als Sandro erfolglos versuchte, den Verschluss meines BHs aufzukriegen.

Das Stück *Der Liebestrank* fiel mir ein, in dem der betrogene Liebestrankkonsument verzweifelt versucht, NICHT an einen Bären zu denken. Geht nicht. Kann jeder ausprobieren, der will. Es genügt, sich vorzunehmen: Nur nicht an einen Bären denken! Und schon sind sie überall. Tanzbären, Eisbären, Teddybären. Braunbären, Koalabären, Pandabären. *Beim*

Pirschgang erblickten Berthold, Bruno und Bodo böse blinzelnde brummige braune Bären. Stimmbildungsbuch. Buchstabe B. Der alberne Satz wiederholte sich in Endlosschleife. Erste Anzeichen von Lachreiz.

Als Sandro dann damit beschäftigt war, das gefühlsechte Ding aus der Sonnenuntergangspackung mit nervösen Fingern überzustreifen, war das Kichern meinerseits leider unvermeidlich.

Worauf mich ebenfalls niemand vorbereitet hatte, war die Wirkung einer harmlosen Heiterkeitskundgebung auf einen einsatzbereiten Penis. Man kann von Frohsinn in diesem Zusammenhang nicht genug abraten!

»Abendessen!« Das Synonym für Pizza. Die Stimme holte mich abrupt aus meinen Erinnerungen.

Meine Mutter wirkte erhitzt und aufgeregt. Also hatte sie probiert, etwas zu kochen. Ich seufzte innerlich. Im Zweifel ist mir Dr. Oetker lieber. Ich kostete vorsichtig von dem – uh – Abendessen. Nicht so schlimm. Die Spaghetti waren etwas matschig, aber das Sugo war fleischlos und nur wenig versalzen.

Ich lobte das Experiment und erzählte von ein paar unwesentlichen Ereignissen in der Schule.

»Was genau versuchst du, nicht zu sagen? Da ist doch etwas?«, fragte meine Mutter nach einer Weile.

Ich tat schauspielerisch mein Bestes in Bezug auf Ahnungslosigkeit. »Wieso? Weiß gar nicht, was du meinst.« Sie blieb misstrauisch. Na hoffentlich würde ich bei der Prüfung überzeugender sein. Andererseits: Eine Prüfungskommission ist eine Sache, der mütterliche sechste Sinn eine ganz andere.

Später dann bemühte ich mich, mich in Vera zu versetzen, die junge Frau, die aus lauter Einsamkeit Plakatwände auswendig lernt. *Ja, ich werde mich verlieben*. Werde ich? Und was, wenn sie nie flattern, die Schmetterlinge? *Schon vorbei. So schnell geht das. Schon wieder vorbei. Kein Streit, keine Szene, kein Schmerz, nichts.* Veras Worte in dem Stück *Mit den Augen eines Fremden*. NICHTS. Davor hatte ich am meisten Angst. Achtundsechzig Paar Bärenaugen sahen zu, wie mir Tränen über die Wangen liefen. Theatertränen. Möglicherweise.

In dieser Nacht träumte ich von der Aufnahmeprüfung. Die Mitglieder der Kommission saßen an einem langen Tisch. Ich war nicht weiter überrascht, George Clooney unter ihnen zu entdecken. Immerhin befand ich mich in einem Traum. Er kritzelte gelangweilt Zahlen auf ein Stück Papier. Vermutlich addierte er die Honorare für seine letzten Filme und Werbespots. Neben ihm meine Englischlehrerin, von der ich eine gute Kopie liefern kann. Dann war da der Mann im Leinenknittersakko, der mehrere Schmuckstücke vor sich liegen hatte, die er eingehend durch eine vors Auge geklemmte Lupe betrachtete. Neben ihm die dunkelhaarige Nachrichtensprecherin aus dem Fernsehen, die sich hochkonzentriert die Fingernägel lackierte. Die Sekretärin mit der Vorliebe für fettarme Milch saß ebenfalls da, neben ihr der Papst, der mich mit diesem bemüht gütigen Blick ansah. Was mich aber am meisten überraschte, war, meinen Mathelehrer hier zu sehen. Ausgerechnet.

Ich wartete darauf, dass mich jemand fragen würde, welche Rolle ich vorbereitet hatte. Aber niemand sprach ein Wort. Wie das eben so ist in Träumen. George Clooney kritzelte, die Nachrichtensprecherin lackierte, Leinenknittersakko polierte einen Ring, der Papst ordnete den Faltenwurf seines Gewandes, die Englischlehrerin und Frau Fettarme Milch taten nichts Besonderes. Es war der Mathelehrer, der endlich die Frage stellte. Sie war anders als erwartet. »Ihr schauspielerisches Talent haben Sie ja in der Schule ausreichend bewiesen«, sagte er. »Jetzt müssen Sie nur noch eine Aufgabe lösen: Wie ermittelt man die Höhe eines Leuchtturms, der unerreichbar auf einer Insel steht?«

Ich versuchte verzweifelt, mir in Erinnerung zu rufen, was er an die Tafel gekritzelt hatte. Die gesamte Kommission sah mich jetzt gespannt an. Das dezente, aber energische Brummen des Bärenweckers holte mich aus dem Dilemma.

Auf dem Weg zur Schule wurde ich wieder an meinen Traum erinnert. Der zur Personenbeschreibung des Juwelierschrecks passende Typ stand vor dem Café und studierte schon wieder die Preise für Cappuccino und Latte macchiato. Alles Tarnung selbstverständlich, nicht einmal besonders gekonnt. Diesmal trug er kein Leinenknittersakko, sondern Designer-Jeans und ein dunkelrotes Poloshirt mit Krokodil. Arbeitskleidung sozusagen. »Auffallend gut gekleidet«, hatten sie in der Zeitung geschrieben. Als er mich sah, wirkte er irritiert. Wahrscheinlich machte er sich Sorgen wegen der Personenbeschreibung, die ich der Polizei geben könnte, dachte ich.

Ich betrachtete sein Profil, überlegte, wie viel ihm Teresa auf der Clooney-Skala geben würde, und hielt sieben für durchaus möglich. Eigentlich schade, dass er die nächsten Jahre im Gefängnis verbringen würde. Ich sah mich bereits bei einer dieser Gegenüberstellungen durch die Glasscheibe, die von der anderen Seite ein Spiegel ist. Die Reihe der Kandidaten mit Nummerntafeln in der Hand. Es ist der Zweite von links, hörte ich mich sagen, der mit der Nummer zwei. Kein Zweifel möglich?, fragte der Kommissar. Nicht der geringste, das ist der Mann, den ich mehrfach in unserer Straße gesehen habe.

Und ich habe nichts vergessen, keinen Titel, keinen Ort, ich könnte sie jederzeit wieder aufsuchen, nach Belieben. Ich war wieder zurück in der Rolle der Vera, die ein virtuelles Leben zwischen den Zeilen von Plakaten lebt. Ich konnte es mir nicht leisten, meine Gedanken an Trickdiebe zu verschwenden. Die Zeit der Vorbereitung wurde knapp.

7.

»Wieso bringt sie sich um?«, fragte ich. »Ich kann das nicht spielen, wenn ich's nicht versteh.«

»Aus Angst«, sagte Gregor mit einer Bestimmtheit, als wäre er mit Sappho in dieselbe Klasse gegangen. »Sie hat Angst vor dem Abgrund in der eigenen Seele, also entscheidet sie sich für einen realen. Außerdem scheut sie davor zurück, sich vom Olymp der Dichter hinunter in die Niederungen der menschlichen Gefühle wie Eifersucht und gekränkte Eitelkeit zu begeben. Da ist ihr der Sturz von den Klippen lieber, der ihr Leben beendet, nicht aber ihre Göttlichkeit.« Gregor, der Föngewellte, sah mich aus wasserhellen Augen an. Blaue Kontaktlinsen vergessen?

»Offensichtlich hat sie ja das Sagen dort auf der Insel. Also könnte sie doch Phaon wegschicken und Melitta bei sich behalten«, beharrte ich. »Dann hat sie, was sie will.«

»Gerade weil sie so viel Macht hat, fürchtet sie sich davor, sie zu missbrauchen. Liebe ist nun einmal etwas, das man nicht erzwingen kann. Glaub mir, von diesen Dingen versteh ich etwas ...« Pathetischer Seufzer. Dramatischer Blick in die Ferne. Er erwartete wohl, dass ich ihn nach Details fragte. Aber ich hatte nicht die geringste Lust, mit Gregor über »diese Dinge« zu reden. Etwas anderes interessierte mich viel mehr.

»Die Sprache«, sagte ich. »Ich kapier schon, dass man sie schön finden kann, es klingt auch irgendwie gut. Aber manchmal stört mich an den Texten der Klassiker, dass heutzutage kein Mensch mehr so redet. Dann komm ich mir irgendwie albern vor.«

»Subtext«, antwortete er lakonisch.

Ich schaute ihn ratlos an.

»Subtext ist eine Art von Ersatzemotion. Da hat man zum Beispiel zu sagen: *Mir pocht das Herz. Neun schlug die Glocke, als ich die Amme sandte.*«

Er sah mich abwartend an. »Shakespeare. Julia«, antwortete ich.

Er nickte. »Die Gefahr, dass man dabei viel zu dramatisch wird, ist groß. Nicht, wenn man sich den eigenen Subtext dazudenkt. Etwa so ...«

»Scheiße, die Alte braucht aber wieder lang!«, schlug ich vor.

»Du hast es begriffen«, sagte er zufrieden.

Gregor nervte bisweilen, aber ein paar Sachen hatte er echt drauf.

Mein Vater war zurück aus Djakarta, wo er mit anderen Medizinmännern unappetitliche Krankheiten erörtert hatte. Er rief an und wollte mich am nächsten Wochenende nach Amsterdam einladen. Nur so. Einkaufsbummel, Sightseeing. Rembrandtmuseum. Das Venedig des Nordens, nur heißen die Kanäle dort Grachten, wirklich eine zauberhafte Stadt.

Das mochte schon sein, aber Städte interessierten mich null. Ob die Häuser an Straßen oder irgendwelchen Wasserwegen lagen, war mir auch egal. Außerdem hatte ich keine Zeit für so was. Arthur Miller und Mary Warren warteten auf mich. *Hexenjagd*. Eines der Stücke, die auf meinem Anmeldeformular standen. Ich überlegte, wie ich Amsterdam ablehnen konnte, ohne meinen Vater zu kränken und den Argwohn meiner Mutter zu wecken, wenn ich sagte, dass ich jetzt, am Ende des Schuljahres, keine Zeit hatte. Sie verfolgte das Gespräch sicher mit Argus-Ohren, sofern es die gibt.

»Na, was meinst du?«, drängte er.

Ich war mit der *Hexenjagd* gerade so weit, dass sie mich für Schuldgefühle anderer sensibilisierte. »Da ist doch NOCH was«, sagte ich auf Verdacht.

Der Hörer vibrierte geradezu von seinem Seufzer. »Ich dachte mir, es wäre eine gute Gelegenheit, dass du und Manuela … dass ihr einander kennenlernt.«

Ah ja, die Neue in seinem Leben. Die meisten hielten sich nicht länger als eine lästige Sommergrippe. So hatte es jedenfalls einmal meine Mutter mit Genugtuung formuliert.

»Kein guter Plan«, sagte ich. »Hab Sachen zu tun.«

»Was für Sachen?«, fragte er.

»Sachen«, sagte ich.

Mein Vater hat auch ein paar gute Seiten. Dass er nicht allzu neugierig ist, gehört dazu. Wenige Minuten später war das Wochenende in Amsterdam auf einen Kinobesuch reduziert. *Das Bourne-Ultimatum* mit Matt Damon, im Burgkino, Samstagabend, Spätvorstellung. Ohne seine gegenwärtige zukünftige Exfreundin. »Ich glaube, sie mag sowieso keine Actionfilme«, sagte mein Vater. Er war offensichtlich erleichtert. Vermutlich hatte diese Manuela das Kennenlernen eingefordert. Hoffte, durch Familienanschluss bessere Karten bei meinem Vater zu haben. Sie ahnt nicht, die Ärmste, was da an Altlasten lauert, dachte ich.

Dabei fiel mir Sandro wieder einmal ein. Und das Ungreifbare, das da zwischen uns stand. Teresa würde bloß den Kopf schütteln. Statt mit jemandem, der auf ihrer Clooney-Skala immerhin eine Sechs bekam, würde ich am kommenden Samstag mit meinem alten Vater ins Kino gehen. Hoffnungslos.

Ich erwartete von meiner Mutter Ätzendes über das Liebesleben meines Vaters, aber sie war offensichtlich zu sehr mit ihrem Computer beschäftigt. Ich ging in mein Zimmer, um mich der *Hexenjagd* und Mary Warren zu widmen.

Später dann schaute ich mir auf Video wieder einmal *A Chorus Line* an.

Da meine Mutter mit ihrer Weiberrunde, wie sie es nannte, unterwegs war, konnte ich zur traurigsten Szene der Welt hemmungslos weinen. Tagelange Tests. Vorsingen. Tanzen. Spielen. Alles zeigen, was man draufhat. Hoffen, bangen, möglicherweise sogar beten. Dann der Augenblick der Wahrheit. Wer ist dabei, wer wird nach Hause geschickt? Das Verlesen der Namen. Die Erleichterung derer, die ihren Namen hören. Die Enttäuschung der nicht Genannten. Und dann stellt sich heraus, dass alles genau umgekehrt ist. Wer aufgerufen wird, muss gehen, hat's nicht geschafft, ist durchgefallen. Für die anderen beginnt das Leben am Broadway. Zumindest für diese eine Produktion. Das ist die Stelle, wo ich jedes Mal wieder weine. Ich entsorgte schniefend einen Berg tränenfeuchter Kleenex und dachte daran, wie es für mich sein würde – nach den fünf Tagen der Prüfung. Lesen sie die Namen derer vor, die bestanden haben? Oder ist es genau umgekehrt? Egal. Mein Name würde auf der richtigen Liste stehen.

Ich schaltete den Fernseher aus und ging bärenwärts. Achtundsechzig Paar Glasaugen. Ob es Zeit war, als äußeres Zeichen des Erwachsenseins, die Bärensammlung an Not leidende Kinder abzugeben? Nächste Weihnachten vielleicht. Ich zog meinen bärengemusterten Schlafanzug an und drehte das Licht ab. Der Bärenwecker tickte. Im Dunkeln schlich sich die Frage wieder heran: Warum hatte ich so wenig Lust darauf, Sandro wiederzusehen? Immerhin war dann, technisch gesehen, doch noch genau das passiert, was ich mir für diesen Nachmittag vorgenommen hatte. Letzten Endes alles, wie es sein sollte. Oder? Ich dachte an einiges, was den Schreibern von Theaterstücken und Liedern zu dem Thema so einfiel. Also: Die Erde hatte definitiv nicht gebebt. Ich war nicht in einem flimmernden Wirbel von *stardust* untergegangen. Weder Geigen noch sonstige Instrumente waren zu hören gewesen. Ich hatte nicht einmal das Gefühl, sehr viel mehr zu wissen als vorher. Zwischen den Gedankenstrichen im *Reigen* tauchten jetzt andere Fragen auf. Würde es immer so sein? Jedes Mal dieses Gefühl, dass etwas nicht war, wie es sein sollte? Dass etwas fehlte? Flatternde Schmetterlinge, jauchzende Streichinstrumente oder sonst was? Aber hatte nicht auch Teresa gesagt, dass es nach einem halben Jahr sowieso vorbei sei mit dem Flattern? Andererseits: meine Mutter. Die wollte nach Jahren der Trennung genau genommen noch immer meinen Vater – in der leider nicht vorrätigen treuen Version. Wer sollte aus all dem schlau werden? *Kraut und Trauben zu verkaufen, laufen aufwärts schlaue Bauern,* ging es mir unsinnigerweise durch den Kopf. Übungssatz zum AU. Nicht gerade eine Antwort auf meine Fragen. Aber die Wiederholung machte wenigstens müde. *Der volltönende, abge-*

rundete Klang aller im AU zusammengefassten dunklen Vokalstimmungen verleiht gerade diesem Laut eine besondere Ausdruckskraft.

Ich schlief ein mit dem schönen Satz: *Blauer Rauch schmaucht aus dem Hause* und dem Gedanken an den kleinen tätowierten Schmetterling auf Teresas Schulter.

8.

»Sie hat ja fast keinen Text.« Ich war plötzlich davon überzeugt, dass die Mary Warren in der *Hexenjagd* keine gute Wahl war. »Eigentlich bricht sie nur pausenlos in Tränen aus und stammelt irgendwas.«

»Na dann zeig denen, dass du genau das draufhast«, meinte Gregor. »Bleib bei der *Hexenjagd*. Glaub mir, eine Rolle, in der du ohne allzu viel Text Gefühle zeigen kannst, ist eine gute Sache.«

»Und wie soll ich allein einen Dialog spielen!?«

»Du kannst jemanden mitnehmen, der dir Stichworte gibt«, sagte Gregor.

Ich war noch immer nicht überzeugt. »Die Abigail wäre die bessere Rolle. Die ist wenigstens durch und durch mies.«

»Die Mary ist der interessantere Charakter«, widersprach Gregor. »Mitläuferin mit gelegentlichen Schuldgefühlen.«

»Das nennst du interessant?«

»Interessant, weil häufig. Geradezu ein Archetyp«, antwortete er. »Immer wenn du einen gefühlsmäßigen

Hänger hast, denk an die vier Grundfragen der Schauspielerei. *Method acting*. Erstens: Wer bin ich? Zweitens: Wo bin ich? Drittens: Warum bin ich dort? Und viertens: Wie geht es mir?«

Ich dachte an den Anfang des Stückes. »Ein Dienstmädchen. Im Wald. Bei einer Party der unerlaubten Art. Ich hab eine Scheißangst.«

»Und ob du Angst hast«, nickte Gregor. »Jemand hat euch beobachtet. Was hat er gesehen? Hattet ihr etwa Sex mit dem Teufel? Oder schlimmer noch: Habt ihr's miteinander getrieben?«

Ich seufzte innerlich. Gregors ständige Anspielungen auf Sexuelles gingen mir auf den Geist.

Er redete schon weiter. »Vielleicht geht es auch um Drogen. Nur Hexen, die Verbündeten des Teufels, nehmen das Gebräu aus Pilzen, Stechapfel, Tollkirsche und Wasweißichnoch, um fliegen zu können oder, wie in Abigails Fall, um eine Konkurrentin durch bösen Zauber zu neutralisieren. Aber auf Hexerei steht die Todesstrafe.«

Er redete sich in eine Art von Begeisterung.

»Aber es gibt einen Ausweg. Ihr gesteht – du und deine Freundinnen. Ihr gebt zu, dass ihr verführt worden seid. Und sagt diesem Gericht von religiösen Eiferern die Namen der Verführer. Man wird euch glauben, weil man euch glauben will. Ihr seid ja praktisch noch Kinder.«

Ziemlich mörderische Kinder, dachte ich und konzentrierte mich auf das »Wie geht es mir?«. Angst mit einem Anflug von Panik. »*Was tun wir? Die Stadt ist auf den Beinen! Ich komm grad vom Hof; alles redet von Hexerei! Man wird uns als Hexen verschreien, Abby!*« Die Tränen quollen ohne große Anstrengung.

Gregor nickte mit diesem Ausdruck, den ich an ihm mochte. Seeehr mochte. Sie ist gut, hieß das, sie ist richtig gut.

Ich war jetzt fast täglich bei ihm.

»Beanspruchst du seine Zeit nicht zu sehr?«, bemerkte meine Mutter irgendwann, als ich spät nach Hause kam. »Auch Lerneifer kann man übertreiben.«

»Klingt nach einer Weisheit aus einem chinesischen Glückskeks«, antwortete ich.

»Chinesisch …« Sie bekam einen träumerischen Ausdruck. »Danach wär mir jetzt. Ich hab den ganzen Tag nichts gegessen.«

Ablenkung gelungen.

Anschließend ließen wir uns die vegetarische Fastenspeise der Buddhisten und knusprige tote Ente liefern. Dazu sahen wir einen albernen Film im Fernsehen. Eddie Murphy, der zu plötzlichem Reichtum kam.

Nur noch wenige Tage bis zur Stunde null.

Ich war Mary, Sappho, Hase und Vera. Und auch noch Gilda als Reserve. Hatte Angst, als Hexe verurteilt zu werden, war auf Melitta eifersüchtig, kommunizierte mit einem fernen Planeten, lernte Plakatwände auswendig und sah Gräfinnen ertrinken. Eine an sich unverträgliche Kombination. Aber offenbar funktionierte ich trotzdem irgendwie in der Außenwelt. Antwortete nicht ausschließlich mit absurden Sätzen aus dem Stimmbildungsbuch oder mit Zitaten aus meinen Rollen. Ich sah gemeinsam mit meinem Vater *Das Bourne-Ultimatum* (verzichtbar), überlegte mit meiner Mutter, ob man den Juwelier warnen musste (wir beschlossen abzuwarten), ließ noch ein paar unlösbare Trigonometriebeispiele und andere halbherzige Bildungsversuche an mir vorübergehen. Sandro war sowohl real als auch aus meinen Gedanken verschwunden. Den Bären hatte ich mitgeteilt, dass es aufgrund meines fortgeschrittenen Alters keinen weiteren bärigen Familienzuwachs geben würde. Es schien ihnen gleichgültig zu sein. Auch das näher rückende Datum 25. Juni brachte sie nicht aus der Ruhe.

Mich schon. Ein bisschen schon.

Mein »Sch« sei nicht ganz sauber, hatte Gregor zuletzt gefunden. *Schwer und schwül hängen tiefschwarze Wolkenschleier wetterschwanger über dem schweigenden Wald.* Ich konnte nichts Beunruhigendes hören. *Schrill eine Schleiereule warnt in schattender Nähe.* Oder doch?

ZWISCHEN DEM VORHER UND DEM NACHHER PASSIERT IMMER ETWAS ENTSCHEIDENDES ODER WIE DAS LEBEN SO SPIELT

9.

Kein Traum in dieser Nacht. Jedenfalls keiner, an den ich mich erinnere. Ich war froh darüber. Träume haben häufig die unangenehme Eigenschaft, dass sie auch bei größtem Optimismus nur schwer positiv zu deuten sind. Dann verbraucht man schon mal eine Menge Kreativität, um in das Monster, das einen eben noch verfolgt hat, während man sich mit bleischweren Füßen kaum von der Stelle bewegte, etwas Erfreuliches hineinzuinterpretieren.

Spiegeltest. Kein Pickel auf der Nase oder sonst wo. Keine verschwollenen Augen. Auch nicht über Nacht graue Haare gekriegt. Gut so.

Wettertest. Blitzblauer Himmel. Milde Luft. Gut so.

Seltsamerweise hatte ich keine Lust auf Jeans. Was sonst? T-Shirt, weiter Rock, breiter Gürtel, Ballerinas. Seeehr schmale Taille als optisches Ergebnis. Gut so.

Müde Mutter, die aus schlafkleinen Augen nicht bemerkte, dass ich von meiner modischen Routine abwich. Also keine Fragen, keine argwöhnischen Blicke.

Dieser Montag begann rundherum als Gut-so-Tag.

Nervosität? Mäßig.

Fahrscheine kaufen, Zehnerblock. Mit der U4 westwärts. Mufflige Morgengesichter. Einer glotzte mich an, sah meine angewiderte Reaktion und grinste. Die ekelhafte Selbstsicherheit der Glotzer mit den Grapschblicken. Hehe – ist ja wohl nicht verboten zu schauen, oder?

Ich mag keine U-Bahnen. War froh, als ich wieder aussteigen konnte. Schaute mich vorsichtshalber um, ob der Glotzer mit ausgestiegen war. War er nicht. Der Tag bekam noch ein »Gut so«.

Annäherung an den Ort des Geschehens mit dem klangvollen Namen aus vergangenen Zeiten. Dem Ort, an dem zukünftigen Schauspielern »handwerkliches Können, Handlungsfähigkeit und intellektuelle Kompetenz für eine sich ständig wandelnde Theaterrealität« beigebracht werden sollen. So oder ähnlich steht es im Prospekt.

Was als Nächstes kam, war ein verstörender Einblick in die Psychologie der Zahlen. Ich hatte gewusst, dass sich ungefähr fünfhundert Kandidaten zu jeder der beiden jährlichen Prüfungen anmelden. Aber die Zahl 500 ist etwas ganz anderes als die Menge von Leuten, die sich da versammelt hatten. Lauter Schicksale. Ich inbegriffen.

Das stilvolle Haus in Hellgelb wirkte, als wäre es kurzfristig in eine Jugendherberge umfunktioniert worden. Viele meiner Mitbewerber waren offenbar mit ihrem Gepäck direkt vom Bahnhof gekommen, hockten auf Koffern und Reisetaschen. Manche sahen aus, als hätten sie gleich hier oder gar nicht geschlafen. *Endstation Sehnsucht* fiel mir dazu ein. Und dass ich eigentlich einen Tennessee Williams vorbereiten hätte sollen. Jede Menge Potenzial für Dramatik. Zu spät.

Im weitläufigen Foyer wurde mir zum ersten Mal das ganze Ausmaß meines Optimismus bewusst. Obwohl der morgendliche Spiegeltest durchaus erfreulich verlaufen war, entdeckte ich schon beim allerersten Rundblick eine wunderschöne Dunkellockige mit einem Mund wie Julia Roberts, eine andere mit Cameron-Diaz-Blick und dann noch so eine Art von Grace Kelly mit dem entsprechend hochmütigen Ausdruck der zukünftigen Fürstin. Es wurde so viel geraucht, als wäre Kettenrauchen ein unerlässliches Aufnahmekriterium. Der Qualm stand in dichten Schwaden über den Köpfen der Kandidaten, was bei mir unweigerlich in kürzester Zeit Augenbrennen und Reizhusten hervorrufen würde, ich kannte das. Und rote Augen stehen mir nicht.

Aus den Bruchstücken der Unterhaltung hörte ich heraus, dass viele Anwärter aus Deutschland kamen. Die Kommission liebt deutsches Deutsch, hatte Gregor gesagt. Zu viel Wiener Dialekt und du bist draußen. *Das Ö darf nicht entrundet, d. h. nicht zu hell nach E hin gesprochen werden. Trödelnde Gören hören die tönenden Wörter. Bei der Endsilbe -er ist darauf zu achten, dass das R nur angedeutet wird. Keinesfalls aber darf dieses nur angedeutete R sich in ein A verwandeln. Der um das Erbe geprellte ehrliche Sekretär des Herzogs verhehlte seinen Ärger nicht.*

Aufhören!, dachte ich. Sonst geht es mir wie dem Tausendfüßler. Der konnte bekanntlich keinen Schritt mehr tun, nachdem ihn jemand gefragt hatte, wie das denn funktioniert, das Laufen mit so vielen Füßen.

Das Erscheinen des Rektors – bebrillt, auf eine nette Art onkelhaft – ließ sowohl deutsches Deutsch als auch österreichisch gefärbtes verstummen. Sogar die Merksätze in meinem Kopf machten Pause. *Das Schweigen der Lämmer* fiel mir ein. Na, na, jetzt nicht melodramatisch werden, rief ich mich gleich wieder zur Ordnung. Überleben werden es ja wohl alle.

Der Rektor verlas jeden einzelnen Namen auf der langen Liste. Es waren genau fünfhundertzwölf. Jeder bekam eine Nummer, die ihn während der kommenden Prüfung identifizieren würde. Die Kommission sollte nicht durch berühmte Namen beeinflusst werden. Das fand ich außerordentlich beruhigend, denn die ganze Vorleserei hörte sich an, als hätten sich sämtliche Nachkommen berühmter Schauspielerdynastien ausgerechnet gemeinsam mit mir angemeldet.

Wer nicht anwesend war, wurde von der Liste gestrichen, mit dem Hinweis, dass eine Nachmeldung bei der Sekretärin noch möglich war. Große Karrieren sollten wohl nicht durch verspätete Züge oder U-Bahnen verhindert werden.

Ab sofort war ich also die Nummer 48. Achtundvierzig. Acht und vier ist zwölf, Quersumme drei. Ich hatte keine Ahnung von Zahlenmagie, beschloss aber, dass drei eine Glückszahl war. Auf jeden Fall war die 48 unter den Bevorzugten, die noch am selben Tag drankommen würden.

Ich musste noch ein wenig frische Luft haben, ehe die Nikotinattacke auf meine Augen und Stimmbänder wieder einsetzen würde. Da stand ich dann, im spärlichen Schatten eines noch nicht sehr erwachsenen Baumes, mit meiner seeehr schmalen Taille und der Schultertasche mit – ja, klar! – Bärenmotiv, die von einer Rolle Klopapier ausgebeult war. Nicht weil ich meiner Verdauung misstraute, sondern weil ich es als Requisit für meine Szene als Hase brauchte. Hase flüchtet sich nämlich aufs Klo, um ungestört Verbindung zu seinem Heimatplaneten aufnehmen zu können.

Mitten unter den vielen Mitbewerbern fühlte ich mich paradoxerweise ziemlich allein. Wie lange konnte es dauern, bis ich drankam? Jedenfalls hatte ich Zeit genug für allerletzte Vorbereitungen und Konzentrationsübungen. Mit welcher Rolle würde ich beginnen? Zunehmend panisch stellte ich fest, dass nicht ein einziges Wort meiner sorgsam einstudierten Szenen abrufbar war. Und je fieberhafter ich mein Gedächtnis durchforschte, desto weniger konnte ich mich erinnern. Nicht einmal die Titel der Stücke fielen mir ein, schon gar nicht die Autoren. Absolute Leere, wo normalerweise ein gut funktionierendes Erinnerungsvermögen war. Ich spürte, wie Adrenalin durch meinen Körper gepumpt wurde und in meinen Fingerspitzen kribbelte. Das Nächste war instinkthaftes Fluchtverhalten. Nichts wie weg hier! Der unausweichlichen Blamage davonlaufen!

»Augen zu, bewusst Luft holen, tief in den Bauch atmen«, sagte jemand neben mir. Ich schaute auf und sah, dass nicht ich gemeint war. Ein nett aussehender Typ versuchte, seine Freundin zu beruhigen. Einen kurzen Augenblick lang bemitleidete ich mich selbst, weil ich niemanden hatte, der sich um mich kümmerte. Dann machte ich die Augen zu, holte bewusst Luft und atmete tief in den Bauch hinein. Der Panikanfall war vorüber.

Manchen sah man die Erleichterung an, wenn sie vom Vorsprechen zurückkamen, andere wirkten erschöpft oder unzufrieden.

»Es ist alles so schnell gegangen«, hörte ich. »Die haben Danke gesagt, bevor ich noch in der Rolle drin war.«

Also besser mit einer Szene beginnen, die schnell zur Sache kommt, überlegte ich. *Vater! Sie hat sich umgebracht!* Schnell genug beim Thema? *Ja – wahrhaftig, wie zum Gruße winkte sie und lächelte noch immer.*

Das Ertrinken der Gräfin in der *Komödie der Verführung* konnte ich einigermaßen nachvollziehen. Das Lächeln weniger. Gerade jetzt nicht.

Ich ging zurück ins Foyer.

Die beiden Bühnenmeister, wahrscheinlich an der Schule ergraut, organisierten den Ablauf der Dinge und waren perfekt darin, Zeitverlust zu vermeiden. »Nummer zweiundvierzig!«, hörte ich einen der beiden rufen. »In Vorbereitung Nummer dreiundvierzig.«

Ein Zeitsprung – oder was? Wie lange war ich in Panikland gewesen?

Ich habe eins gelernt: zu gehen. Im richtigen Moment – gehen. Hatte ich das laut gesagt? Den Satz aus der Rolle der Vera? Jedenfalls war er nicht ganz unpassend, denn die Lockenmähnige, die eben noch vor mir gewartet hatte, war plötzlich nicht mehr da.

Ein Kandidat kam eben zurück, schweißnass, erschöpft, mit geistesabwesendem Blick. Orpheus fiel mir ein, wie er nach seinem tapferen, aber vergeblichen Versuch aus der Unterwelt zurückkommt. Ohne Eurydike. Ich hatte keine Ahnung, woher diese Assoziationen zur griechischen Unterwelt plötzlich kamen. Eine gefährliche Überdosis an Schulbildung vermutlich.

»Nummer siebenundvierzig, Nummer achtundvierzig in Vorbereitung!«

Ist es Hermes, der die Seelen in die Unterwelt begleitet? Wie in Trance folgte ich dem grauhaarigen Bühnenmeister-Hermes im Arbeitskittel. Ich bemerkte, dass er an der linken Hand nur drei Finger hatte, und begann unwillkürlich zu überlegen, was für eine Art von Unfall daran schuld sein mochte. Kleiner Zwischenfall mit Zerberus, dem Höllenhund?

Wir ruderten nicht über den Styx, sondern gingen durch einen langen Gang.

»Na, bist nervös, Pupperl?« Die Frage unterbrach schlagartig und gründlich alle Assoziationen zur griechischen Mythologie.

Ein grässlicher Schrei ließ mich zusammenfahren. Die Tür war zwar geschlossen, aber nicht besonders schalldicht. Wenn laut gut ist, dachte ich, dann ist die da drin eine Fixstarterin und ich hab die falschen Rollen vorbereitet.

Es folgte eine Art Urschrei.

Dann Stille.

Die Tür öffnete sich. Ein verstörtes Gesicht, leichenblass, Lippen, die irgendetwas murmelten. »Scheiße, war ich schlecht«, glaubte ich zu hören.

Hatte da drinnen soeben jemand »Achtundvierzig!« gesagt?

»Des wird scho.« Der Götterbote mit dem starken Wiener Akzent lächelte mir zu und öffnete die Tür für mich. Ich machte einen zögernden Schritt in den dunklen Raum und blieb dicht an der Tür stehen.

Ein Theatersaal, dunkel. Mehrere helle Flecken, vermutlich Gesichter, wandten sich mir zu. Ich hatte gehört, dass insgesamt acht Leute in der Kommission sind. Der Direktor als Vorsitzender, der doppeltes Stimmrecht hat, außerdem Sprechtechniker, Schauspieler, Körperlehrer, Regisseure.

Irgendein kleiner Muskel in meinem Gesicht zitterte. Vielleicht war es auch die Nase. Ein Kaninchen vor acht Raubtieren.

Grüßen ist wichtig, hatte mir Gregor eingeschärft. Sich auf den konzentrieren, der mit dir kommuniziert, aber auch die anderen wahrnehmen.

»Die Nummer 48«, sagte jemand.

»Und woher kommt die Nummer 48?«, fragte ein anderer.

»Aus Wien«, antwortete ich.

»Welche Rollen haben Sie vorbereitet?«

Ich zählte mein Repertoire auf. Erstaunlicherweise funktionierten sowohl Gedächtnis als auch Stimme.

»Womit möchten Sie beginnen?«

Da ich mich sowieso schon wie ein Kaninchen fühlte, entschied ich mich für den Monolog des Hasen aus dem ziemlich abartigen Stück von Coline Serreau. Bedeutender Einstiegssatz: *Ich geh aufs Klo.* Ein paar Stufen zur Bühne, ich rannte sie hinauf und ließ mich auf eine der Sitzgelegenheiten fallen. *21,*

Wasserstoff, 21, kommen, ja, 21, hab ich gesagt … Macht schon, ihr Säcke … Ich hab noch was anderes zu tun, ich kann nicht Jahre auf dem Klo bleiben, sie werden misstrauisch …

Dann klappte sie endlich, die Verbindung zu meinem Heimatplaneten, und ich konnte meine Bedenken in Bezug auf die geplanten außerirdischen Aktivitäten anbringen. Trotzdem kam das »Danke« viel zu schnell, unterbrach meinen Monolog an einer, wie ich fand, unpassenden Stelle. War vielleicht doch nicht gerade das Lieblingsstück der Kommission.

»Lassen Sie uns etwas von der Sappho sehen«, kam es von unten.

Uff. Bisschen radikal, die Umstellung.

Leg es ironisch an, hatte Gregor gesagt. Man muss merken, dass du dieses Machogetue für albern hältst. Die Beschreibung der männlichen Psyche muss hohntriefend rüberkommen.

»Gar wechselnd ist des Mannes rascher Sinn,
dem Leben untertan, dem wechselnden.
Frei tritt er in des Daseins off'ne Bahn,
vom Morgenrot der Hoffnung rings umflossen,
mit Mut und Stärke wie mit Schild und Schwert
zum ruhmbekränzten Kampfe ausgerüstet.
Zu eng dünkt ihm des Innern stille Welt,
nach außen geht sein rastlos wildes Streben,
und findet er …«

Ich stellte fest, dass es mir Spaß machte, den Text so offensichtlich gegen seine Bedeutung zu interpretieren. Ein bisschen Verachtung konnte nicht schaden:

»Ein Kuss, wo er ihm immer auch begegnet,
stets glaubt er sich berechtigt, ihn zu nehmen!
Wohl schlimm, dass es so ist, doch ist es so.«

Das »Danke« in der Mitte des Monologs kam knapp, neutral und endgültig. Unverständlich Geflüstertes hinter mir, auch ein kurzes Auflachen glaubte ich zu hören. Vielleicht mochten sie keinen ironisch angelegten Grillparzer.

Langsam ging ich den langen Gang wieder zurück, trat blinzelnd hinaus in einen Tag, den man je nach Verfassung als traumhaften Sommertag oder als zu heiß, zu grell, zu laut empfinden konnte.

Zu heiß, zu grell, zu laut, entschied ich. Erstmals hielt ich es für möglich ... Ich schob den Gedanken sofort wieder beiseite. Alle haben beim ersten Vorsprechen das Gefühl, dass man zu schnell abbrechen muss, hatte Gregor gesagt. Vergiss nicht, die haben fünfhundert Kandidaten in wenigen Tagen zu prüfen.

Es gab nichts anderes zu tun, als zu warten und am Buffet eine Literflasche Mineralwasser zu holen. Vor allem aber die Gedanken daran zu hindern, dass sie sich mit einer Wirklichkeit beschäftigten, die es nicht geben durfte.

»Was hast du vorbereitet?«, fragte mich eine nervöse Blasse mit Silberblick. Ich fing an, meine Rollen aufzuzählen, aber schon nach Sappho und Mary Warren unterbrach sie mich. »Entschuldige, ich kann mich jetzt nicht mit deinen Problemen befassen.« Ich wollte etwas antworten, sah den irrlichternden Wahnsinn in ihren Augen und sagte nichts. Hoffentlich hat sie die Ophelia einstudiert, dachte ich. Dann passt ihre Gemütsverfassung einigermaßen. Es war ziemlich offensichtlich, dass die meisten mindestens ebenso dringend in diese Schule wollten wie ich selbst.

Das Warten. Immer länger werdende Schatten. Verkehrslärm der Marke *rush hour* von irgendwo da draußen. Die Sonne zog sich langsam hinter violett und rosa eingefärbte Feinstaub- und Abgasschleier zurück.

Irgendwann ein spitzer Schrei aus dem Foyer. Hoch, schrill, dann ersterbend. Julia vermutlich, beim Anblick Romeos, der sich völlig überflüssigerweise selbst erdolcht hat. Irrtum, kein Rollenstudium. Erste Reaktion auf die Listen, die soeben ausgehängt wurden. Auf der zweiten Säule in der Arkade zum Theater, wie es angeblich die Tradition will. Viele Nummern. Fünfzig – oder mehr?

Drängeln vor den Listen. Das gab mir einen Grund zu warten. Einen kleinen zeitlichen Aufschub. Akute Atemnot – ach so, man musste ab und zu Luft holen. Hatte ich völlig vergessen.

Ich hörte Gemurmeltes und auch ziemlich Lautes. Das Wort »Scheiße« kam ziemlich häufig vor. Schluchzer. Gesichter, die blass wurden. Andere, in die plötzliche Röte kroch. Freude? Wut? Silberblick und Grace Kelly fielen einander in die Arme. Erleichterung? Gegenseitiger Trost?

Irgendwann hatte ich dann keinen Grund mehr, mich nicht den Listen zu nähern. Meine Augen weigerten sich zunächst, die Zahlenkolonnen ordnungsgemäß an mein Gehirn weiterzuleiten. Ein flimmerndes Durcheinander von Ziffern. Zerrüttete Sehnerven vermutlich. Dann sah ich sie, die 48, mit dickem Filzstift schwarz auf weiß und ganz deutlich. Kein Irrtum möglich. Eine Vier, dahinter eine Acht. Eine Acht, davor eine Vier. 48. Vierzigacht. Die schönste Zahl der Welt. Ich hatte das dringende Bedürfnis, jemanden zu umarmen, aber außer einem der beiden Bühnenmeister war niemand mehr da. Und der wirkte – vermutlich aufgrund jahrelanger Erfahrung – so abweisend, dass ich es bleiben ließ.

Gregor hätte die Rolle des Umarmten vermutlich nur zu gern gespielt, aber das hielt ich trotz emotionaler Ausnahmesituation für keine gute Idee. Eine SMS schickte ich ihm: ERSTE RUNDE GESCHAFFT. Eine Antwort erwartete ich erst viel später oder gar nicht. Gregor hatte, wie die meisten Leute im fortgeschrittenen Alter von über vierzig, eine leichte Behinderung, was Kommunikationstechnik betrifft.

10.

Am Dienstag war ich von mir selbst überrascht. Ich ging nämlich in die Schule. Einfach so. Kleiner Ausflug in ein früheres Leben. Mitten in der zweiten Stunde – Französisch – wurde mir plötzlich klar (*voilà!*), dass es vielleicht, möglicherweise, wenn alles weiterhin gut ging, mein allerletzter Schultag sein würde. Bedauern? Nicht die Spur. Aber auch nicht die erwartete totale Erleichterung. *Die Seele ist ein weites Land,* wie Arthur Schnitzler schon festgestellt hat.

Teresa erschien aus Hitzegründen in einem Hauch von cremefarbenem Nichts, das an mir aussehen würde, als hätte ich vergessen, mich fertig anzuziehen. Wieso wirkte an ihr immer alles so, als hätte man sie soeben für ein sehr trendiges Magazin fotografiert? Ihr Haarschnitt betonte die schöne Nackenlinie und winzige goldene Geckos die netten Ohren. Ob sie Lust haben würde, mir Stichworte zu geben – in geheimer Mission?

»Hast du morgen Nachmittag Zeit?«, fragte ich sie in der Pause.

»Kommt drauf an, wofür.«

Ich sagte es ihr.

»Cool!«, antwortete sie knapp. Blitzende Augen, vergnügtes Grinsen. Dunkle kurze Haare, die von ihrem Kopf abstanden. Gestyltes Chaos. Wie viel Power sie hat, dachte ich. Die in der Kommission werden sich fragen, wer die fade Blonde neben ihr ist. Na, na, was sollte das! Ein kurzer Anfall von Selbstzweifel – er würde vorübergehen. Hoffentlich.

»Ist ja irre«, urteilte sie, als ich von der ersten Runde erzählte und dass ich die 48 auf der Liste der Glücklichen vorgefunden hatte. »Megamäßig galaktisch! Ich sollte vielleicht ein Schulheft von dir klauen. Das ist dann irgendwann ein Vermögen wert. Bei der Oscar-Verleihung musst du übrigens unbedingt einen meiner Entwürfe tragen. Und vergiss nicht, George Clooney meine Telefonnummer in die Hand zu drücken.«

Ich versuchte ihr klarzumachen, dass derartige Versprechen entschieden verfrüht waren, aber sie hörte mir gar nicht zu, sondern betrachtete mich mit einem kritischen und einem zugekniffenen Auge. Offensichtlich entstand in ihrer Fantasie soeben eine Oscar-geeignete Kopfbedeckung für mich.

Meine Mutter hatte eine Abwesenheitsnotiz hinterlassen und den Hinweis auf Pizza im Kühlfach. Die verweigerte ich, kochte dafür Misosuppe und aß einen

Apfel. Dann saß ich wieder in der U-Bahn, zurück ins wirkliche Leben. Meine Erinnerungen sind olfaktorisch geprägt. Eines meiner Lieblingsfremdwörter. Olfaktorisch oder auch geruchsbezogen. Ich rieche irgendetwas und bin schon in einer anderen Zeit, an einem anderen Ort. Die Fahrt an diesem Dienstagmittag roch nach Schweiß, einem aufdringlichen Deo und dem schlechten Atem eines Schäferhundes, der beharrlich versuchte, meine Hand abzuschlecken.

Bevor die Schauspielerei für mich zwingend wurde, hatte ich mal überlegt, Tierärztin zu werden. »Lassen Sie seine Zähne kontrollieren«, riet ich dem verdutzten Hundebesitzer beim Aussteigen. »Er hat Mundgeruch.«

Beobachterposten. Mittendrin und doch distanziert in dem angenehmen Bewusstsein, die erste Hürde schon geschafft zu haben. Bruchstücke von Rollen, die ich nie gehört hatte.

Sch-Übungen. *Die schlauen Schakale umschlichen die schlafenden Schafe. Schande und Schmach über euch, ihr Schelmen und Schalke, die ihr schmarotzt und schmeichelnd vor Schranzen scharwenzelt.* War da wirklich etwas Unsauberes an meinem »Sch«? *Der Pascha schenkte dem Forscher arabische Schimmel samt schönem Geschirr.*

»Du hast einen Sch-Fehler«, teilte mir so ein hässlicher Stoppelbärtiger im Vorbeigehen mit. Ich würdigte ihn keiner Antwort, schickte ihm aber einen waffenscheinpflichtigen Killerblick nach.

Ich fand mein »Sch« total in Ordnung. *Erschrocken stolperte der stupide Bursche die steinernen Stufen zum Stall hinunter.* Na bitte – alles bestens.

Eine Riesenflasche Cola light hatte einen süßfaden Geschmack hinterlassen. Wasser wäre besser gewesen.

Der Sonnenuntergang – eine fantasielose Kopie des gestrigen. Auch die Szenen vor den endlich ausgehängten Listen schienen austauschbar. Frei fließende Tränen, ein Sortiment von Schimpfwörtern, erstickte Jubelschreie, Seufzer, die nicht genau zuzuordnen waren. Blasse Gesichter, gerötete Augen, Haare, die schweißnass am Kopf klebten. Umarmungen der tröstenden und triumphierenden Art. Und alles umwolkt vom Rauch zahlloser Zigaretten. Ich fühlte mich wie Bill Murray in dem Film *Und täglich grüßt das Murmeltier*. War heute gestern oder vielleicht schon morgen? Der Ordnung halber kontrollierte ich, ob die Achtundvierzig dort war, wo sie hingehörte. Ob ich richtig gesehen hatte am Abend zuvor. Sie war weg. Einfach verschwunden!

Einen Herzstillstand später stand sie dann doch da.

»Du bist auch nicht dabei – oder?«, fragte die Silberblick-Ophelia hoffnungsvoll. Sie war spürbar auf der Suche nach einer Schicksalsgefährtin.

»Doch«, antwortete ich schuldbewusst.

Sie wandte sich wortlos ab.

11.

In dieser Nacht träumte ich ziemlich viel wirres Zeug. In Erinnerung blieb mir ein Traum, in dem Phaon ganz eindeutig Ähnlichkeit mit Sandro hatte. Die junge Sklavin Melitta dagegen glich Teresa in allen Details. Sogar das Schmetterlingstattoo auf der Schulter war da. Beide waren in wallende griechische Gewänder gehüllt und schauten mich düster an. »Sag es!«, verlangte Sandro-Phaon. »Ja«, drängte auch Teresa-Melitta. »Du musst es aussprechen.« Ich wollte die beiden fragen, was sie meinten, hatte aber eine Art Stimmbandlähmung. Kein Wort kam aus meinem Mund. Da drehten sich beide um und verschwanden zwischen den Olivenbäumen.

Ich wachte auf und schob die Traumfragmente an den Rand des Bewusstseins, wo sie sich so schnell auflösten wie Würfelzucker in Tee. Zweiter Tag der Prüfung. Keine Zeit, mich um die Bedeutung von Träumen zu kümmern. Und meine Stimmbänder im realen Leben waren in bester Verfassung, wie einige Hoi-hoi-hoi!-Proben ergaben.

Ein Uneingeweihter wäre den Grünflächen vor dem Schlosstheater vermutlich weiträumig ausgewichen und hätte sich gefragt, ob in dieser Stadt die geistig Weggetretenen nicht allzu leichtsinnig auf die Allgemeinheit losgelassen würden.

»*Klara saß am Abhang, zaghaft langsam nahte Abraham a Santa Clara*«, deklamierte einer. Ja, ja, die gute Klara am Abhang, die kennen wir alle. Schönen Gruß von mir.

»Hoi – hoi – hoi! Nananana!«, brüllte ein anderer mehrfach hintereinander in voller Lautstärke. Dabei lief er herum und propellerte mit den Armen. Er wird heiser sein, wenn er endlich drankommt, dachte ich.

Ein Langhaariger vollführte seltsame Bocksprünge, offenbar zur Lockerung der Muskeln. Er lockerte auf jeden Fall die Lachmuskeln einiger Passanten, die zufällig vorbeikamen.

Eine Dunkelhaarige mit Mittelscheitel und einem Gesicht wie auf einem Madonnenbild kniete im Gras und murmelte Unverständliches. Vertiefung einer Rolle oder Hilferuf an die Götter der schauspielenden Zunft? Ich glaubte, ein »Ave Maria« herauszuhören, aber das konnte sowohl ausufernde Frömmigkeit als auch das Gebet der Desdemona sein.

Zu Mittag kamen die letzten Kandidaten der ersten Runde zurück. Dann das Warten auf die Listen, diesmal die endgültigen nach dem ersten Durchgang. Ich hätte eigentlich völlig ruhig sein können, aber Aufregung ist offensichtlich ansteckend. Wieder entdeckte ich die Achtundvierzig nicht sofort, aber mittlerweile war ich an diese optischen Angsttäuschungen gewöhnt und suchte ohne lebensbedrohende Herzrhythmusstörungen ein zweites Mal. Mit Erfolg.

Neben mir stand ein Rotblonder mit Rucksack. Er sah aus, als wäre er eben von einer Nanga-Parbat-Expedition zurückgekommen. Auch der Mehr-als-drei-Tage-Bart sprach für eine längere Abwesenheit von der Zivilisation. Er zählte die aufgelisteten Nummern und stöhnte: »Zweiundachtzig noch. Zehnmal mehr, als sie nehmen!«

Nachdem er diese Probe seiner mathematischen Genialität abgelegt hatte, wandte er sich mir zu. »Ich bin sechsundsiebzig.«

»Du wirkst ein paar Jahre jünger«, grinste ich.

»Ich meine …«, sagte er und wurde hummerrot.

»Schon klar. Achtundvierzig, sehr erfreut«, stellte ich mich vor.

»Hi!« Teresa tauchte plötzlich neben mir auf und betrachtete taxierend den Rotblonden, der eben seine tibettaugliche Ausrüstung ablegte. »Schade«, flüsterte sie. »Die Haarfarbe disqualifiziert ihn für die Clooney-Wertung. Aber er hat einen super definierten Körper.«

Ich fand, dass Teresas Körper in ihrem Outfit, das an mir eine Art von zu heiß gewaschenem Trainingsanzug gewesen wäre, mindestens ebenso super definiert war. Wieder fiel mir ein, dass die Kommission meine Stichwortgeberin interessanter finden könnte als mich.

Der rotblonde Mister 76 streckte sich und füllte eben sein T-Shirt mit allen möglichen Muskeln aus.

Teresa schluckte. »Beanspruchst du irgendwelche Rechte der Erstsichtung auf ihn?«

»Keine«, antwortete ich. »Aber dein Markus, was ist mit dem?«

»Wer ist Markus?«, fragte Teresa nur. Sie schnupperte und betrachtete missbilligend die Rauchschwaden über unseren Köpfen. »Nichts dagegen, dass sich deine Konkurrenten umbringen wollen. Aber warum auf die langsame Art?«, meinte sie. »Nikotin kann Jahre dauern. Wozu haben wir Brücken, die Donau, Hochhäuser? Wozu gibt es Messer, Pistolen, Schlafmittel?«

»Nummer vierzehn«, sagte Hermes, der Vermittler zwischen den beiden Welten der Kandidaten und der Kommission. »Nummer zweiunddreißig in Vorbereitung.«

Noch drei Kandidaten vor mir. Teresa wedelte mit den fotokopierten Textseiten, die ich ihr am Vortag gegeben hatte. »Hab versucht, mich da hineinzulesen«, sagte sie. »Aber ich versteh eigentlich nicht einmal Bahnhof. Hoffentlich schadet dir das nicht. Meinst du, sie lassen jemanden wegen Blödheit der Partnerin durchfallen?«

Ich hätte sie umarmen können. Teresa wirkte wie die personifizierte Selbstsicherheit. Dass auch sie manchmal an sich zweifelte, war irgendwie tröstlich.

»Nummer sechsunddreißig. In Vorbereitung Nummer achtundvierzig.«

»Soll ich spucken?«, fragte der wegen Rotblondheit Disqualifizierte mit dem definierten Körper. Er saß dekorativ neben seinem Rucksack auf dem Boden.

»Danke. Geht vielleicht auch ohne«, antwortete ich.

»Was war denn das für ein unappetitliches Angebot?«, fragte Teresa.

»Dreimal über die linke Schulter spucken bringt Glück«, erklärte ich.

»Ihr Schauspieler seid schon sehr *strange*«, meinte Teresa.

Ihr Schauspieler ... Ich hätte sie schon wieder umarmen können.

Wir gingen unter Führung des Hermes im Hausmeister-Look den Gang entlang und blieben an der Tür zur Bühne stehen. Alles sehr *dejà vu*. Nur dass Teresa jetzt bei mir war.

Diesmal hörte man kaum etwas von drinnen. Eine sehr stille Rolle offensichtlich oder besser gesagt offenhörlich. Falls die geisterhaft Blasse, die schließlich herauskam, eine Schlafwandlerin gespielt hatte, war sie noch mitten in der Rolle.

Der Bühnenmeister öffnete die Tür für uns.

Wieder die Dunkelheit des Theaterraums. Hell

darin die Gesichter der Leute, die an den Tischen saßen, mir zugewandt. Teresa blieb knapp hinter mir.

Die Frage kam wie erwartet. »Womit wollen Sie beginnen?«

»Mary Warren, *Hexenjagd*«, antwortete ich.

Erstens: Wer bin ich? Zweitens: Wo bin ich? Drittens: Warum bin ich dort? Und viertens: Wie geht es mir? Ich bin sechzehn oder siebzehn vielleicht. In einer Zeit, in der man Frauen wegen absurdester Anklagen als Hexen verfolgt. Mir wird eben bewusst, dass aus einem vermeintlichen Scherz für viele Unschuldige tödlicher Ernst wird. Dass es vielleicht die letzte Gelegenheit für mich ist, aus dem verhängnisvollen Lauf einer Gerichtsverhandlung auszusteigen. Aber was, wenn ich dann zur Zielscheibe werde? Wenn meine Freundinnen MICH anklagen?

Teresas Stichworte fielen knapp und präzise. Sie war Procter, der seine Frau vor der tödlichen Intrige retten will. Das »Danke« holte mich (wieder) viel zu früh zurück, da war ich noch nicht einmal so richtig in Tränen ausgebrochen.

Ich wartete auf die Frage, was meine zweite Wahlrolle für diesen Tag war, aber es kam anders. Der Vorsitzende blätterte in seinen Notizen. Ich hörte gemurmeltes Unverständliches.

»Sie haben uns am Montag eine interessante Auffassung der Sappho gezeigt. Wir würden gern mehr davon hören.«

War da Ironie in der Stimme? Oder nur Neugierde?

Denk daran: Melitta ist es, die du liebst, hatte Gregor gesagt. Nicht Phaon. Der ist bloß Fassade. Aber dieses wunderschöne fremdartige Mädchen möchtest du nicht verlieren. Schon gar nicht an den albernen Phaon.

Ich schaute Teresa an und hatte das Gefühl, dass sie sich veränderte. *Ah! Beim Himmel – sie ist schön!*, sagt Sappho, als Melitta auftritt. Teresas Gesicht war erwartungsvoll und strahlte etwas Unbekanntes aus. Ich fand plötzlich den Gedanken, in sie verliebt zu sein, gar nicht mehr absurd.

»Von all den Mädchen,
die je ein spielend Glück mir zugeführt,
war keine teurer mir als sie, Melitta …«

Das »Danke« unterbrach mich gegen Ende des kurzen Monologs. Natürlich auch wieder zu früh für mein Empfinden. Wenn man alle Prüflinge so lange spielen ließe, wie sie wollten, dann würde so eine Prüfung vermutlich Monate dauern.

Dann war ich wieder draußen und bemerkte, dass Teresa mich im Gehen von der Seite ansah. Sie streckte einen gebräunten Arm vor. »Gänsehaut«, sagte sie vorwurfsvoll. »Ich hab echt Gänsehaut gekriegt. Auf einmal warst du jemand anderes. Irre. Unheimlich. Wir sitzen seit sieben Jahren in der Schule nebeneinander und ich hatte so was von null Ahnung ...« Sie ließ den Satz in der Luft hängen. Ließ offen, wovon sie null Ahnung hatte.

Wieder hatte ich das Bedürfnis, sie zu umarmen, ließ es aber klarerweise bleiben. Erstens war sie noch zu sehr Melitta. Und außerdem machte mich das Gefühl, das ich eben gespürt hatte, irgendwie unsicher. »Es ist alles so schnell gegangen«, sagte ich. »Ich war ja noch gar nicht wirklich drin.«

»Drin genug«, meinte Teresa trocken. »Wenn's für mich gereicht hat, um zu merken, was du kannst, dann reicht es garantiert auch für die Theaterschlauen.«

Sie blieb plötzlich stehen und schaute nach vorn, zum rauchverhangenen Foyer. »Oh, oh!«, machte sie. »Mein Markus und George Clooney können aufatmen. Ich bleib ihnen erhalten. Den Knaben mit dem perfekten Körper hat sich schon jemand anderes gekrallt.«

Ich folgte ihrem Blick. Mister 76 beugte sich gemeinsam mit einem Dunkelhaarigen über ein kleines gelbes Reclamheft. »Ach, das ist wahrscheinlich sein Stichwortgeber«, vermutete ich. »Die bequatschen bloß eine Rolle.«

»Händchen haltend?«, fragte Teresa.

Es wäre mir nicht aufgefallen, aber die Art, wie sie einander an der Hand hielten, hatte tatsächlich etwas Intimes. Irgendwie. Auf eine Art. Hm.

»Schade«, sagte Teresa. »Schon wieder einer für uns verloren. Andererseits ...« Sie zog die dünne Jacke aus, darunter trug sie ein kurzes Top mit der Aufschrift: *Irren ist männlich*. Weiche, perfekt geformte Kurven zeichneten sich darunter überdeutlich ab. Ich hatte plötzlich das Gefühl, ich müsste Teresa vor zudringlichen Blicken schützen. Seltsamer Gedanke.

»*Cheer up*«, sagte Teresa, die zum Glück nicht Gedanken lesen konnte. »Du bist garantiert dabei. Wann wirst du's wissen?«

»Heute Abend. Und die dritte Runde ist dann am Freitag – wenn alles gut geht.«

»Aber ja doch. Meine Gänsehaut ist unfehlbar.« Teresa montierte eine kleine Tasche um ihre textilfreie Taille. »Ich muss los. Markus wartet im Schwimmbad. Schick mir eine SMS!«

»Danke, du warst super«, sagte ich etwas unbeholfen und beneidete Teresa um ihre selbstverständliche Lockerheit.

Ich schaute ihr nach und bemerkte, dass jemand aus dem Foyer ihr folgte. Eine lange schlaksige Figur, dunkel im Gegenlicht. Jemand, der den Spruch auf Teresas Top als Vorwand nehmen wollte, um sie anzubaggern? Ich widerstand dem Impuls, meinerseits den beiden zu folgen. Es war ein sonnenheller Nachmittag, jede Menge Leute unterwegs und Teresa wusste mit Sicherheit, wie sie unliebsame Anquatscher loswurde.

Der weitere Nachmittag war davon bestimmt, dass ich versuchte, zwischen zu viel Hitze draußen und zu viel Zigarettenrauch drinnen zu navigieren. Ich trank mindestens zwei Liter Mineralwasser und aß am Buffet einen Toast mit Gummikäse. Nicht aus Appetit, sondern weil ich merkte, dass meine Knie sich seltsam nachgiebig anfühlten und meine Hände zitterten.

Vertraute Gesichter mittlerweile rund um mich. Eine fast greifbare Spannung aufgrund der unverträglichen Mischung von verbindenden Lebensträumen und trennender Konkurrenzsituation. Freundschaften entstanden und zerfielen in einer Halbwertszeit von wenigen Stunden. Leute, die tagelang Proviant geteilt und einander Mut gemacht hatten, würden am Ende dieses Tages wortlos auseinandergehen.

Irgendwann, zur Zeit des violetten Lichts und der langen Schatten, wieder die Liste mit den ausgewählten Kandidaten des Tages. Es waren noch nicht alle, die am alles entscheidenden Freitag antreten würden. Andere würden sich vermutlich noch am nächsten Vormittag qualifizieren. Am Donnerstag, dem letzten Tag der zweiten Runde.

Weil es sich bisher bewährt hatte, näherte ich mich auch diesmal dem in schwarzem Filzstift ausgefertigten Urteil so spät wie möglich. Beobachtete erst einmal die Reaktionen. Zeitschleife: *Und täglich grüßt die Kommission*. Ich sah stumme Verzweiflung und ziemlich lautstarke. Freudenschreie waren die seltene Ausnahme. Der Rotblonde mit dem Rucksack wurde von seinem Freund in die Arme genommen. Es wirkte nicht wie eine freudige Umarmung.

Dann meine vorsichtige Annäherung an das Geschriebene. Es war eine sehr kurze Liste an diesem Abend. Sieben Nummern, nicht mehr. Sieben, die es an diesem Tag geschafft hatten.

Die Achtundvierzig war dabei.

Eine veränderte Welt. Dackel schwebten, in den Schaufenstern glitzerten eine Million Sterne, die U-Bahn roch nach Gummibärchen. Die Menschen rund um mich waren von überirdischer Schönheit. Ich wiederholte die letzten beiden Wörter. Von wegen Sch-Fehler! Ich war in der letzten Runde! *Wir können das Sch als Rauschlaut bezeichnen. Bei richtiger Artikulation schwebt die Zungenspitze in der Nähe der unteren Zahnwurzeln. Die schlauen Schakale umschlichen die schlafenden Schafe.*

Ich schickte eine SMS an Gregor und bekam tatsächlich nach einer Weile eine Antwort. Zwanzig Minuten hatte er gebraucht, um zu tippen: »Du bist eine Göttin.« Na eben, Göttinnen haben keinen Sch-Fehler. *Der Tscherkesse trug einen schrecklich schmutzigen Stulphandschuh.*

Eine weitere SMS ging an Teresa und blieb ohne Antwort.

Es wäre absolut unmöglich gewesen, zu Hause meinen Ausnahmezustand zu verheimlichen. Ich fühlte mich wie die Fee Glöckchen aus *Peter Pan*, die jedes Mal, wenn sie energische Kopfbewegungen macht, Sternenstaub versprüht.

Aber ich fand nur einen Post-it-Zettel auf dem Küchentisch vor mit dem Hinweis auf einen abendlichen Arbeitstermin meiner Mutter und den Inhalt unserer Tiefkühltruhe. »Love you, Mom«, stand darunter.

Ich ging ins Kino, um meine Nerven zu beruhigen. *Ratatouille* in der Originalfassung. Obwohl mein Englisch dank einiger englischer Kindermädchen ziemlich gut ist, verstand ich kaum ein Wort der schnellen Comicstimmen, aber die steile Karriere der Feinschmecker-Ratte konnte ich auch so mit viel Sympathie nachvollziehen. Meine eigenen kulinarischen Ambitionen beschränkten sich auf eine Riesenpackung karamelisiertes Popcorn.

Die Wohnung war noch immer dunkel, als ich zurückkam. Handy-Check. Keine Nachricht von Teresa. Hm. Kurze Überlegung, ob ich eine zweite SMS schicken sollte, Entscheidung dagegen. Zu aufdringlich. Ich kritzelte »love u 2« auf den Post-it-Zettel und ging schlafen.

12.

Donnerstag früh hätte meine Mutter eine weitere Chance gehabt, über die letzten Neuigkeiten in meinem Leben aufgeklärt zu werden. Zu deutlich sichtbar waren die Symptome einer akuten Nervenüberreizung. Schon mein überraschend auftretender Appetit auf Spiegeleier, die ich sonst nicht leiden kann, hätte sie zu misstrauischen Fragen veranlassen müssen.

Sie verschlief die Chance.

»Ist spät geworden«, murmelte sie, als ich nach der Vernichtung von fünf Spiegeleiern in ihrem Schlafzimmer Nachschau hielt. »Macht's dir was aus, mal selber Frühstück ...«

Damit driftete sie wieder ab. Ich überlegte, ob ich noch feststellen sollte, dass ich mir mein Frühstücksmüsli sowieso immer selbst machte, ließ es aber bleiben. Sie war fixiert auf ihre Rolle als Supermutter, warum sollte ich ihr diese Illusion nehmen? Außerdem ist es schwierig, mit schlafenden Menschen zu argumentieren.

Ich schaute auf die Uhr. Vielleicht konnte ich Teresa

noch irgendwo vor der Schule treffen. Ich wusste nicht genau, warum ich das wollte. Aber es erschien mir irgendwie wichtig.

Ich dachte schon, ich hätte sie verpasst, aber dann tauchte sie doch plötzlich vor mir auf. Schwarze Leinenhose, weißes T-Shirt mit dem Aufdruck »Die Antwort ist: NEIN«. Als sie mich sah, blieb sie stehen. Da war etwas in ihrem Gesichtsausdruck, das ich nicht einordnen konnte. Abwartend? Distanziert? Fragend?

»Alles okay?«, erkundigte ich mich.

»Ja, klar.«

Hm. Klang nicht ganz danach. »Gestern noch rechtzeitig bei deinem Markus gelandet?«

»Ja, warum fragst du?«

»Ach, ich hab nur das Gefühl gehabt, dass dir gestern jemand hinterhergegangen ist«, sagte ich.

»Ja, ein Idiot.«

»Gab's irgendein Problem?« Da war er wieder, der Gedanke, dass Teresa wegen mir in eine unangenehme oder gar gefährliche Situation geraten sein könnte. Mir war klar, dass ich ihn am Vortag nur verdrängt hatte.

Sie schüttelte den Kopf. »Nicht für mich.« Sie zögerte sichtlich. »Der Typ, der mich da angelabert hat, der hatte was gegen *dich*.«

»Aber ich kenn die doch alle nur vom Sehen«, sagte ich verwirrt.

»Ist ja auch egal«, antwortete Teresa.

Ich wollte weiterfragen, aber sie warf einen ungeduldigen Blick auf die Uhr. »Hauptsache, du bist wieder dabei. Du schaffst es garantiert, auch morgen. Toi, toi, toi übrigens.« Das angedeutete Spucken über meine linke Schulter. Ein Lächeln. Trotzdem irgendwie anders als sonst.

Keine Ahnung, was mit Teresa los war. Ich nahm mir vor, sie bei nächster Gelegenheit noch einmal darauf anzusprechen.

Und wenn irgendjemand von meinen Mitbewerbern mich nicht leiden konnte, war mir das egal – solange mich die Mitglieder der Kommission weiterhin mochten.

Eigentlich hätte ich den Vorbereitungen der letzten Kandidaten in aller Ruhe zuschauen können, aber da war plötzlich wieder diese Unsicherheit. Unlogisch, klar, aber ich war trotzdem machtlos dagegen. Was, wenn die sich gestern geirrt hatten? Wenn die Achtundvierzig heute auf einmal nicht mehr auf der Liste stand? Verschwunden. In nichts aufgelöst. Ein kleines Versehen, tut uns sehr leid. Ein Irrtum der Sekretärin. Oder noch schlimmer – ein mitleidiges: Da müssen Sie sich wohl getäuscht haben. Eine Fata Morgana in Form einer Vier und einer Acht.

Das ungewohnte Frühstück lag in meinem Magen, als hätte ich die Eier hart gekocht im Ganzen verschluckt. Samt Schale.

»Wann bist du dran?«, fragte die mit dem Cameron-Diaz-Blick. Sie war also auch noch immer dabei. Kein Wunder.

»Heute gar nicht«, sagte ich. »War schon gestern auf der Liste.«

»Warum bist du dann so unentspannt? Zumindest heute können wir doch drüberstehen.« Sie verfügte auch noch über den Cameron-Diaz-Grinser!

Wie erklärt man jemandem diesen plötzlich auftretenden Befall von irrationalen Ängsten? Alle Welt sagt, man müsse einfach über sie lachen oder sie wegatmen. Alle Welt hat unrecht. Mein Atem klang wie der eines Asthmakranken und das Lachen blieb unterwegs auf der Strecke. Irgendwo im Hals, wo es einen Klumpen bildete.

Cameron Diaz war weitergezogen, um jemand Unterhaltsameren zu finden als mich.

Irgendwann verebbten im Foyer die Sprechübungen und halblaut gemurmelten Sätze. Die »R« hörten auf zu rollen und die »Hoi-hoi-hoi« zu hallen. Die kollektive Erschöpfung hing fast ebenso greifbar im Raum wie der kalte Zigarettenrauch. Studenten der verschiedenen Jahrgänge gingen an uns vorbei mit der lässigen Freundlichkeit der längst Auserwählten. Ich wusste, dass manche von ihnen sich die Prüfungen von der Galerie aus angehört hatten. Sadismus oder fachliches Interesse?

Einige der Wartenden lagen draußen im Schatten

der Bäume, erschöpft vom Marathonlauf der Gefühle, gezeichnet von schlaflosen Nächten. Begleitende Freunde leisteten erste Hilfe mit Getränken und aufmunternden Standardsätzen.

Ich trank wieder Unmengen von stillem Mineralwasser und musste dauernd pinkeln. Offenbar protestierte meine Blase jetzt gegen die tagelange Überschwemmung. Am liebsten wäre ich gleich auf dem Klo sitzen geblieben, wenn es da drin nicht noch mehr nach Rauch gestunken hätte als draußen.

Paradoxerweise gehen auch endlose Nachmittage zu Ende. Lauter werdendes Gemurmel, schnelle Schritte ins Foyer, hektische kurze Zurufe.

Die Liste.

Sehr kurz.

Zwölf Nummern kurz.

Die Achtundvierzig? Wo war sie?

Ich machte die Augen zu und wieder auf.

Die Achtundvierzig war dabei.

Die Achtundvierzig war dabei.

Die Achtundvierzig war dabei.

War eine der zwölf Nummern, die noch auf der Liste standen.

Zwölf. Eine gute Zahl, fand ich. Warum konnten sie nicht ausnahmsweise mal alle nehmen? Da standen wir, zwischen all den anderen, die sich, je nach Charakter, tränenreich, stumm oder wütend, von einer Hoffnung, vielleicht sogar einem Lebenstraum verabschiedeten. Der Jubel blieb irgendwo auf halbem Weg stecken, erreichte unsere Gesichter nicht. Staunen, Verwunderung, mehr war nicht drin. Auch später nicht, als nur noch wir zwölf übrig blieben. Umringt von Studenten aus den verschiedenen Jahrgängen des Seminars. Fast am Ziel. Fast. Schulterklopfen, Umarmungen, kurze aufmunternde Bemerkungen.

Irgendjemand erklärte irgendwas. Ich musste mich zum Zuhören zwingen. Jeder von uns würde am nächsten Tag, dem letzten Tag der Prüfung, einen Studenten der höheren Semester als Partner in den Improvisationen und als Guide im Labyrinth der Schule haben. Ich stand da, hörte, was gesagt wurde, verstand es aber erst später.

Morgen, Freitag, neun Uhr.

»Lass uns essen gehen«, schlug meine Mutter vor, als ich nach Hause kam.

»Zum Griechen?«

»O. K.«

Meine Stimmung pendelte irgendwo zwischen Erleichterung und neuerlich steigendem Adrenalinspiegel. Keine Stunde der Wahrheit heute, beschloss ich. Zu kräfteraubend. Meinen komplizierten Seelenzustand würde ich gekonnt überspielen. Man war schließlich nicht ohne Grund in die letzte Runde gekommen. Die Göttin würde das große Geheimnis der letzten Wochen noch einen Tag für sich behalten.

Der Blick meiner Mutter heftete sich auf mich, als sie zur Speisekarte griff. Ließ mein Gesicht keinen Augenblick mehr los. Die Speisekarte blieb auf halbem Weg in der Schwebe. »Du bist verliebt!«

So viel zu »gekonnt überspielen«. Ich schüttelte den Kopf.

»Schwanger?«

Was war denn das für eine Schlussfolgerung? Nicht verliebt, also schwanger?

Mütter! Ich schüttelte wieder den Kopf. »Wie kommst du darauf? Du hast doch dauernd die Sorge, ich könnte den Anschluss verpassen.«

»Man kann sich ja auch mal irren.«

Wie recht sie hatte.

»Aber irgendwas ist«, beharrte sie.

»Morgen ist die letzte Runde der Aufnahmeprüfung.« Ich musste nicht dazusagen, von welcher Prüfung die Rede war. »Wir sind noch zwölf. Von über fünfhundert. Acht werden wahrscheinlich aufgenommen.«

Meine Mutter überrascht mich immer wieder. »Wow!«, sagte sie und sah mich an, als hätte sie mich nicht vor fast siebzehn Jahren, sondern eben erst kennengelernt. »Zwölf von fünfhundert! Und ich dachte, ich müsste dich vor einer albernen Teenager-Schwärmerei bewahren.«

Ich bestellte Melanzani, reisgefüllte Weinblätter und Spinatstrudel und konnte keinen Bissen davon hinunterbringen. Stattdessen gab ich eine Zusammenfassung von »Was bisher geschah«. Über einen Mangel an Aufmerksamkeit vonseiten meiner Zuhörerin konnte ich mich nicht beklagen. Ihr Wortschatz blieb deutlich unter dem langjährigen Durchschnitt. »Wow« kam noch öfter.

»Kein Alkohol für dich«, sagte sie streng, als sie ein Viertel Retsina für sich bestellte. »Du musst morgen in Bestform sein.«

Unglaublich, noch vor zwei Wochen war sie total gegen die Schauspielerei, dachte ich. Kaum wird ihr Vorurteil in Bezug auf die sicherlich unbegabte, realitätsfremde Teenager-Tochter widerlegt, schon kippt sie ins Gegenteil und beginnt, mich zu coachen. Müssen Mütter so sein?

»Ich trink doch sowieso nie was«, bemerkte ich. Schien sie vergessen zu haben.

13.

Der Freitag.

Die Sonne machte ihr Ding – genau wie an den Tagen zuvor. Eine Ahnung von Hitze schon um sechs, als ich meine Yogaübungen am offenen Fenster zelebrierte.

Müsli mischende, Erdbeeren waschende Mutter. Halb schlafend, aber trotzdem wild entschlossen: Supermom bereitet Superfrühstück für den großen Tag der Tochter vor. Innerliches Seufzen meinerseits. Lenkte aber wenigstens ab.

Natürlich war ich überpünktlich. Schon bei der Anmeldung zur Prüfung hatte ich mir vorgenommen, mein ständiges Zuspätkommen abzustellen. Änderung des Lebensstils in die richtige Richtung. Schauspieler sind nämlich pünktliche Menschen. Müssen sie sein. Es bleibt ihnen gar nichts anderes übrig. Desdemona kann schließlich nicht eine halbe Stunde nach Beginn der Vorstellung auf die Bühne hetzen und Othello mitteilen, dass sie leider ihren BH nicht gefunden oder die U-Bahn versäumt hat. Dann erwürgt er sie schon im ersten Akt. Geht nicht.

Statt um neun war ich schon um Viertel vor acht an Ort und Stelle. Diesmal nicht im Theater, wo ich mich durch die beiden ersten Runden der Prüfung gekämpft hatte, sondern erstmals in den heiligen Hallen der Schauspielschule. Ein historisches Palais aus der Zeit der vielen Schnörkel. Ich war nicht die Erste. Kurz nach acht standen wir schon alle vollzählig im stilvollen Ambiente herum. Sechs zu sechs, was männlich und weiblich betraf. Zufall? Quotenregelung? Wir betrachteten einander mit gemischten Gefühlen. Wer würden die Auserwählten sein? Zum ersten Mal fiel mir auf, dass ich mit meinen kaum siebzehn offenbar die Jüngste war. Alle anderen schätzte ich auf Anfang zwanzig. Vorteil? Nachteil?

Schauspielschüler tauchten auf, beobachteten uns und unterhielten sich leise miteinander. Ich wurde das Gefühl nicht los, dass wir taxiert und nach persönlicher Vorliebe unter ihnen aufgeteilt wurden.

Dann Stille. Der Rektor wünschte uns Erfolg und verwies auf die versprochenen Begleiter und Improvisationspartner.

Ich war gespannt, wer da auf mich zukommen würde.

Es war zunächst die Haltung, die mir auffiel. Das Aufrechte kam nicht von der gerade gehaltenen Wirbelsäule, jedenfalls nicht nur, sondern schien mir mehr aus einer inneren Überzeugung zu kommen. Dann die Bewegung. Die wenigen Schritte auf mich zu. Distanz überbrücken. Lästigen Abstand loswerden. Dazu der Blick. So einer, der meinen suchte, fand, festhielt. Anschließend natürlich die zum Blick gehörenden Augen. Die Farbe war nicht zu erkennen, noch nicht, aber das Lächeln konnte ich schon sehen. Diese Andeutung von einem Lächeln, das es sich in diesen Augen bequem gemacht hatte. Ein bisschen amüsiert, aber nicht im Mindesten von oben herab. Graugrün, ein helles Graugrün war die Augenfarbe, stellte ich schließlich fest. In auffallendem Kontrast dazu die dunklen Haare. Ausgeprägte Wangenknochen, entschlossenes Kinn. Eine glatte Fünfzehn auf der zehnstufigen Clooney-Skala, dachte ich, war aber nicht sicher, ob sie in diesem Fall anzuwenden war.

Ein seltsam flirrendes Gefühl – wo genau eigentlich? – ließ mich an Hunger denken, war aber doch deutlich anders.

»Hej«, sagte sie – und ging im nächsten Augenblick an mir vorbei.

»Kennen wir. Diese Wirkung hat Natalja auf alle.«

Natalja. Ein Name wie aus *Doktor Schiwago*. Soeben nahm sie einen verjüngten Klaus-Maria-Brandauer-Klon unter ihre Fittiche. Der Glückliche.

Ich wandte mich der Stimme zu. Neben mir stand ein Typ, nicht besonders groß, mit kurzen, dunklen, drahtigen Haaren und unruhigen nervösen Bewegungen. »Die stehen hier auf klassische Paarungen. Schließlich werden wir vermutlich gleich zwei Exverliebte spielen, die einander umbringen wollen. Oder was Ähnliches.«

Ich konnte mir tatsächlich viel leichter vorstellen, ihn umzubringen als diese Natalja mit den graugrünen Augen.

»Alexander. Dein Partner für diesen Tag. Sei nett und sag, dass du dich freust.«

»Ich freu mich«, sagte ich. Er erinnerte mich irgendwie an einen Terrier. Leider bin ich kein Hundemensch. Ich mag Katzen lieber.

»Ich hab dich an beiden Tagen gesehen. Du warst gut. Ziemlich gut sogar.«

Jetzt freute ich mich wirklich. Der Terrier merkte es und grinste. Auf eine nette Art.

»Alexander, der Unwiderstehliche. Sollte ich vielleicht eigens erwähnen.«

»Nicht nötig, sieht man doch!«

»Erst mal kommt ihr zum Körpertraining.« Er imitierte eine andere, tiefere Stimme: »Zeigt mir, was ihr mit dem Raum anfangen könnt!« Wechselte zur normalen Alexander-Stimme: »Mein Tipp: Übertreib es. Lass dich voll drauf ein. Tob ungehemmt rum. Er steht auf entfesselt.«

Hm. Ich und entfesselt? Na ja, ich würde dran arbeiten.

Ein Turnsaal. Matten auf dem Boden. Der Körpertrainingslehrer war ein unauffälliger Typ mittleren Alters in Jeans und einem T-Shirt, das mitteilte: »Kunst kommt von Können«. Ah ja. Und er sagte es tatsächlich. Genau mit der Stimme, die Alexander imitiert hatte: »Theater wird immer körperlicher, wie ihr vielleicht schon bemerkt habt. Zeigt mir, was ihr mit dem Raum anfangen könnt.«

Die anderen in der Gruppe hatten offenbar denselben Tipp bekommen wie ich. Einige begannen sofort mit propellernden Armen wild schreiend durch den Raum zu laufen. Andere zogen so eine Art Ballettding ab oder wälzten sich am Boden. Unterschiedliche Auffassungen von entfesselt. Was mich betraf, so liefen im Augenblick nur meine Gedanken. Ich fühlte die beobachtenden Augen des Lehrers auf mir. Lähmend. Der Vergleich mit Laborratten drängte sich zwingend auf. Oder mit den Insassen einer Gummizelle. Das war immerhin eine Idee. Ich lief langsam los, wurde schneller, prallte gegen die Wand, tat so, als würde sie mich abfedern und zurück in den Raum werfen.

Nach einer Weile stoppte er unsere Begegnungen mit dem Raum und wollte einen einfachen Bewegungsablauf sehen: Sprung – stillstehen – weggehen.

Dem Kopfschütteln nach zu urteilen waren wir alle keine begnadeten Springer-Stillsteher-Weggeher.

Es folgten Sturz- und Fallübungen, die mir schon eher sinnvoll erschienen. Schließlich wird man als Schauspieler ja oft genug und in vielen Variationen ermordet oder sonst wie außer Gefecht gesetzt. Wir fielen um wie Schachfiguren, sackten zusammen, schlugen auf, rollten ab. Immer mit dem dringenden Bedürfnis, die in uns gesetzten Erwartungen zu erfüllen. Diesmal kam weder Reaktion noch Kommentar vonseiten des Körpertrainings-Lehrers. Für sich selbst war er offensichtlich ein Anhänger sparsamer Bewegungen. Ein entlassendes Nicken, das allen gemeinsam galt.

Ich war verunsichert. Hatte ich etwas mit dem Raum anfangen können oder nicht? War ich zu gehemmt gewesen?

Nächster Programmpunkt für alle gemeinsam: Pantomime. Bei Ali Sator, dem weltbekannten Pantomimen, der dieser Schule die Ehre erwies zu unterrichten. Ein anderer Turnsaal. Der Meister der Körpersprache höchstpersönlich. Betonung auf höchst. Wir versuchten vermutlich alle, sehr pantomimisch zu wirken. Sein Blick ging über die Gruppe. Ein kühler, taxierender, wertender Blick. Ich hatte den Eindruck, dass er bereits in diesem Augenblick entschied, wen unter uns er favorisieren würde. Und dass ich nicht dabei war.

»Ich bin ein Samenkorn«, sagte er.

Samenkörner reden nicht, dachte ich. Manchmal hab ich eine Logikfixierung. »Nehmt diesen Gedanken auf: Ich bin ein Samenkorn im Frühling.«

Nein! Der Mann verlangte nicht im Ernst, dass wir

pantomimisch ein Samenkorn mit Frühlingsgefühlen darstellten!

»Ein Samenkorn, das spürt, es ist nun an der Zeit, seine Bestimmung zu erfüllen und zur Blume zu werden.«

Offenbar wollte er genau das.

»Ihr streckt euch, erlebt Wachstum, gelangt ans Licht. Ihr seid eine noch geschlossene Blüte, die sehnsüchtig auf die Sonne wartet, um sich öffnen zu können.«

Ich horchte in mich hinein, aber da war nichts spürbar außer einer wachsenden Abneigung gegen Grünzeug im Allgemeinen und Blumen im Besonderen. Ich dachte an den Song *Nothing* aus *A Chorus Line*: *And I dug right down to the bottom of my soul, to see what I had inside.*

Rund um mich wuchsen bereits die Ersten. Rankten sich eifrig einer imaginierten Sonne entgegen.

They all felt something, but I felt nothing – except the feeling that this bullshit was absurd.

»Sobald ihr euch voll den Strahlen der Sonne geöffnet habt, wird euch klar …«

Dass es ungesund ist, dachte ich. Frühzeitige Hautalterung.

»… dass ihr auch wieder verwelken werdet. Ihr spürt, wie die Lebensenergie euch verlässt, weil die Zeit des Verblühens gekommen ist.«

Und das mir, dachte ich. Schon auf die Maskenfeste

im Kindergarten war ich nie als Blume gegangen, sondern als Superman oder Tarzan.

Der pantomimische Blick fiel auf mich. Irritiert. Da seine – sicher gekonnte – Körpersprache nicht ausreichte, um seine Verwunderung zu kommunizieren, fragte er: »Nun?«

Ein erstauntes Samenkorn.

»Ich kann mir einfach nicht vorstellen, dass irgendjemand von uns jemals Veilchen spielen wird.« Es war draußen, noch ehe ich darüber nachgedacht hatte. Mist. Wieso konnte ich den Mund nicht halten!

Ich merkte, dass die Blumen rund um mich vor Schreck aufhörten zu verblühen.

»Ich verstehe. Sie haben also Schwierigkeiten, sich mit dem Körper auszudrücken. Daran werden wir arbeiten müssen.«

Wenigstens diesmal gelang es mir, eine Antwort zu unterdrücken. Stattdessen versuchte ich angestrengt, mich blumenmäßig zu fühlen und zu bewegen. Was genau macht so eine blöde Blume, wenn sie wächst? Er korrigierte, veränderte meine Körperhaltung, redete von Hingebung an das Licht und den Kreislauf des Lebens. Mir war klar, dass ich grottenschlecht war. Unbeholfen. Uninspiriert. Und was es sonst noch an Un-Wörtern gab, das war ich auch. Nach einer halben Stunde fühlte ich mich allerdings endlich wie eine Blume. Wie eine kompostierte Blume.

Dann waren wir entlassen. Alexander erwartete

mich, sah meinen Gesichtsausdruck und versuchte Aufmunterndes. »Mach dir nichts draus. Lebende Legenden müssen so sein. Seine Stimme in der Jury ist nicht besonders wichtig. Es ist bekannt, dass er auf Männer steht. Und du bist nun mal eine Frau. Oder?«

»Als ich zuletzt pinkeln war, war ich noch eine«, sagte ich matt.

»Eben. Er behauptet, alle Frauen sind lausige Pantomimen. Jetzt kommt Rollenvertiefung bei Bönisch. Das macht mehr Spaß. Vor allem gemeinsam mit mir.«

Es machte Spaß.

Ich kannte Hans Bönisch aus dem Fernsehen, wo er überwiegend zwielichtige Charaktere spielt. Oder zumindest Rollen, in denen man ihn bis zuletzt für den Täter hält. In natura war er Charme pur. Sympathie auf den ersten Blick. Klare Aufgabenstellung. Sehr spannend. Alexander und ich als Paar. Allein in einem Zimmer. Ich hatte nur einen einzigen Satz – den ich allerdings sagen durfte, so oft ich wollte und wie ich wollte: »Ich will jetzt nicht reden!« Mehr hatte ich nicht zur Verfügung. Diese fünf Wörter und meine Ausdrucksfähigkeit, um dem Zuschauer die Situation unserer Beziehung klarzumachen.

Frage: Wer bin ich? Antwort: Eine junge Frau, die von ihrem Liebhaber verlassen wird.

Frage: Wo bin ich? Antwort: In einem Hotelzimmer.

Frage: Warum bin ich dort? Antwort: Weil er um ein Treffen gebeten hat.

Frage: Wie geht es mir? Antwort: Meine Eitelkeit ist verletzt. Ich bin wütend. Ich will ihn nicht so leicht davonkommen lassen. Vielleicht kann man ihn auch fürchten lassen, dass aus dem Ganzen eine verhängnisvolle Affäre werden könnte. Möglicherweise sind wir beide mit anderen Partnern verheiratet?

Alexander war gut im Zusammenspiel. Nahm sich selbst sehr zurück, ging auf mich ein, aber ließ mir Raum und Gelegenheit, meine Gefühle zum Ausdruck zu bringen.

Ich sagte den Satz nur zweimal. Ganz leise, geflüstert, am Anfang der Szene. Sehr laut dann am Ende. Dazwischen Mimik, Körpersprache – sparsam eingesetzt. Ich neige sowieso nicht zum Übertreiben. Oder Outrieren, wie das fachmännisch heißt.

»Gut gemacht, Kollegin«, lächelte Hans Bönisch.

Ein Gefühl der Dankbarkeit ging wie eine Welle durch meinen Körper, trieb Tränen in meine Augen und Kribbeln in die Fingerspitzen. Kollegin. Er hatte einen neuen Fan fürs Leben.

»Du hast einen Fan«, sagte Alexander, so als hätte er sich in meine Gedanken eingeklinkt.

»Nach dem Pantomimen-Desaster kann ich einen brauchen«, seufzte ich. »Was kommt jetzt?«

»Erst mal eine Pause«, antwortete Alexander. »Der Tag wird noch lang genug.«

14.

Mineralwasser in der Kantine. Suchender Blick über die sparsam besetzten Tische. Keine Natalja.

Alexander löffelte den Schaum von seinem Cappuccino. »Eine Warnung«, sagte er. »Als Nächstes kommt die Gruppenimprovisation bei Emmy Arnold. Erwarte dir nicht zu viel Sympathie von ihr.« Er schaute mich an. Von oben bis unten und wieder zurück. Dann nickte er mit dem Ausdruck eines Menschen, der Unerfreuliches gesehen hat.

»Ja?«, fragte ich. »Was genau soll mir dieser Blick sagen?«

»Ihr Mann hat sie vor Kurzem sitzen lassen. Hat weiter niemanden überrascht. Er war sowieso viel zu nett für sie.«

»Ja – und? Auch wenn sie deswegen schlecht drauf ist, kann sie schließlich nicht alle Frauen hassen.«

»Nein«, sagte er. »Nur die mit langen blonden Haaren und riesigen dunkelblauen Augen. Du siehst ihrer besten Feindin leider irgendwie ähnlich.«

»Unsinn«, sagte ich. »So banal ist das Leben nicht.«

Das Leben IST so banal.

Natürlich kannte ich die Arnold von verschiedenen Theaterproduktionen und vom Fernsehen. Haut straff über Gesichtsknochen gespannt (zu stark geliftet?). Düstere dunkle Augen. Sehr distanziert. Die blonden Haare (gefärbt?) streng nach hinten gekämmt. Der Blick, mit dem sie meine Person als Gesamtheit erfasste, ließ die Raumtemperatur sofort um einige Grad absinken. Ihr Mund verzog sich zu einem Ausdruck, als hätte sie eben etwas Unappetitliches von der Schuhsohle gekratzt.

Ich begann zu frieren. Trotz oder vielleicht gerade wegen der fröhlich bunten Einrichtung, die an das Spielzimmer in meinem ungeliebten Kindergarten erinnerte. Puppen, Stofftiere, große verschiedenfarbige Würfel aus Schaumstoff, Legosteine, Zeichenblocks, Buntstifte.

Ihre Stimme war nicht kindergartentauglich. Scharf, schneidend, unpersönlich. Jedes halbwegs sensible Kind würde auf der Stelle weinend davonlaufen. Dazu ein deutlicher Wiener Akzent. Ist doch angeblich hier unerwünscht, dachte ich.

Wir waren zu viert diesmal. Sandra aus Bielefeld. Brünett, kurze Haare, so ziemlich das Gegenteil vom Feindbild der Arnold. Pedro, namensgerecht glutäugig und schwarzlockig, paradoxerweise aus dem Norden Deutschlands. Leo aus Salzburg, der ein wenig zu Übergewicht neigte. Und ich.

»Gruppenimprovisation soll unter anderem die Fähigkeit zur Teamarbeit zeigen«, sagte die Arnold. »Bei Schauspielern ist immer ein gewisser Hang da, das eigene Ego in den Vordergrund zu schieben. Aber Theater ist Teamarbeit. Film und Fernsehen genauso.«

Sie machte eine Pause, um unser kollektives Nicken abzuwarten. Wir nickten kollektiv.

»Gut. Die Geschichte ist folgende: Ihr vier seid in der Wüste, halb verdurstet, seit längerer Zeit schon ohne Wasser. Ohne Nahrung sowieso. Irgendwann seid ihr zu einem Turm gekommen, seid hinaufgeklettert, um von da oben sehen zu können, ob Hilfe in Sicht ist.«

Was macht denn ein Turm mitten in der Wüste?, dachte ich. Aber ich sagte es nicht laut. Manchmal gelingt es mir, den Mund zu halten.

»Dann taucht tatsächlich eine Karawane auf. Ihr wisst, ihr müsst euch unbedingt bemerkbar machen. Es ist vielleicht eure letzte Chance zu überleben. Ihr gebt euer Bestes, um die Leute auf euch aufmerksam zu machen. Was tut ihr zu dem Zweck?« Sie machte eine Pause, aber es war offensichtlich, dass sie keine Antwort erwartete. »Trotzdem zieht die Karawane weiter, ohne euch zu bemerken. Wie reagiert ihr? Enttäuscht? Verzweifelt? Wütend? Resigniert?«

Wir warteten stumm, ob die Geschichte noch weiterging. Irgendeine Lösung fand. Gegenseitiger Kannibalismus als Happy End müsste ihr doch liegen, dachte ich.

»Das war's«, sagte sie und zeigte mit einer Kopfbewegung auf die herumliegenden Spielsachen. »Requisiten könnt ihr nach Belieben verwenden.«

Pedro ergriff die Initiative und zwei Schaumstoffwürfel. Er begann damit einen Turm zu bauen. Wir drei anderen schlossen uns hastig an. Bloß keine Teamwork-Schwäche zeigen!

Die Arnold stand da als mitleidlose Beobachterin von vier emsigen, hoch motivierten Laborratten.

Dann hockten wir vier Verdurstenden auf bunten Schaumstoffwürfeln und hielten gemäß der Story Ausschau nach besagter Karawane. Gleichzeitig belauerten wir einander. Keiner wollte dem anderen den Vorteil der Erstsichtung lassen. Mehr dramatisches Potenzial, ganz klar. Andererseits hatte man ja auch das Warten, Suchen und Schwanken zwischen Hoffnung und Resignation zu zeigen.

Sandra aus Bielefeld war die Erste, die einen lauten Schrei losließ. Glutauge Pedro schloss sich mit löwenartigem Gebrüll an. Uns beiden anderen blieb eigentlich nur noch Winken und Auf-und-ab-Hüpfen. Leo war in seiner körperlich bedingten Festlegung als gemütlicher Dicker vermutlich entschuldigt. Aber ich?

Kein Feedback vonseiten der Arnold. Nicht die mindeste Reaktion.

Wieder begann das gegenseitige Belauern. Wer von uns würde als Erster begreifen, dass die Versuche fehlgeschlagen waren? Nicht zu früh, nicht zu spät, sondern genau zum richtigen Zeitpunkt. Statt dem Gefühl, dass wir alle im selben Boot beziehungsweise Turm saßen, wurde die Konkurrenzsituation immer deutlicher. Wer ist lauter, verzweifelter, enttäuschter? Wem gelingt es, die anderen an die Wand zu spielen?

Irgendwann hockten wir alle vier erschöpft auf den Schaumstoffwürfeln, den sicheren Tod durch Verdursten und eine reaktionslose Emmy Arnold vor Augen. Zusammengepresster Mund. Ein Wurfmesser-Blick streifte mich und blieb dicht neben mir in der Tür stecken.

Alexander holte mich wieder ab. Ich war dankbar dafür. Wenn Orientierungssinn ein Auswahlkriterium bei der Prüfung wäre, dann wäre ich sowieso schon gescheitert.

»Sie hasst mich«, sagte ich.

»Das war zu erwarten«, nickte er. Auch ein Trost.

»Und jetzt?«

»Korrepetition«, sagte er. »Du hast nicht vielleicht ein absolutes Gehör?«

Aufsteigende Panik. »Wird das erwartet?«

Er schaute mich an und grinste. »Relax! Natürlich nicht! Ich kann kaum einen Ton richtig singen.«

Dann stand ich im Musikzimmer. Eine bebrillte Mittfünfzigerin saß am Klavier. Ein Ausdruck von Hoffnungslosigkeit in ihrem Gesicht. Wahrscheinlich hatte sie Konzertpianistin werden wollen. Bejubelt. Beifallverwöhnt. Mozart. Beethoven. Chopin. Irgendwann hatte sich wohl dieser Traum in nichts aufgelöst. Der Job als Musiklehrerin. Jetzt war der Lichtblick ihrer Tage, wenn sie unter den angehenden Studenten ein absolutes Gehör entdeckte. Bei mir würde sie Pech haben.

Energische Finger schlugen einen Ton auf dem Klavier an. Fragender Blick ihrerseits.

Ratlosigkeit bei mir.

»Ein C«, sagte sie und wiederholte den Ton auf dem Klavier. »Das ist ein C.«

Sie muss es ja wissen, dachte ich.

»Können Sie die Tonleiter dazu singen?«

Achselzucken meinerseits.

Sie seufzte und spielte eine Abfolge von Tönen. Sah mich auffordernd an.

Ich versuchte, die Töne nachzusingen. Es klang fürchterlich.

»Binden Sie die Töne«, befahl sie.

Ich band, so gut ich konnte. Es klang noch immer fürchterlich.

»Welches Lied haben Sie vorbereitet?« Sie war mittlerweile die personifizierte Resignation.

Ich sah sie an, als hätte sie in fließendem Koreanisch mit mir geredet. Wieso hatte mir niemand gesagt, dass ein Lied vorzubereiten war!

»Irgendein Lied«, sagte sie müde. »Irgendeines, von dem Sie Melodie und Text können.«

Nie hätte ich gedacht, dass der Gedächtnisspeicher

eines Menschen so absolut liedfrei sein könnte. *Hänschen klein* drängte sich plötzlich auf, was jeder Therapeut vermutlich als Rückfall in die Kindheit aufgrund einer akuten Angstsituation werten würde. Dann tauchte da noch *Leaving on a Jetplane* von John Denver aus den Tiefen der musikalischen Erinnerung auf. *All my bags are packed. I'm ready to go, I'm standin' here outside your door. I hate to wake you up to say goodbye. But the dawn is breakin' it's early morn. The taxi's waitin', he's blowin' his horn …*

Wie weiter? Zwei kühl taxierende Augen sahen mich hinter Brillengläsern mit leichter Ungeduld an. Die Hände ruhten abwartend auf den Tasten. Country hat sie ganz bestimmt nicht im Repertoire, dachte ich. Was dann?

Musical! Von den vielen Musicals, die ich gesehen hatte, musste doch eines die Erinnerung an einen Song hinterlassen haben. *Tits and Ass* fiel mir ein, aus *A Chorus Line*. Aber ob ein Lied mit dem Titel »Titten und Arsch« geeignet war, bezweifelte ich. Meine Hände waren eiskalt vor Angst. *Warm face, warm hands, warm feet …* Die sehnsüchtige Stimme von Eliza Dolittle, in ihrem Cockney-Englisch. Und dann war er auf einmal da, der Text von *Wouldn't it be loverly* aus *My Fair Lady*. Die Noten auch. Ich merke mir an sich Melodien ganz gut, wenn sie mir nicht gerade von strengen bebrillten Mittfünfzigerinnen ohne Vorwarnung abverlangt werden.

»All I want is a room somewhere
far away from the cold night air
with one enormous chair
oh – wouldn't it be loverly?
Lots of chocolate for me to eat,
lots of coal making lots of heat,
warm face, warm hands, warm feet,
oh, wouldn't it be loverly?
Oh, so loverly …«

Am Ende der zweiten Strophe nahm sie mit einer abrupten Bewegung ihre Hände vom Klavier. Hände wie zwei fünffüßige Tiere, die vor etwas zurückschreckten. Dann ein knappes: »Ich glaube, ich habe genug gehört.«

Selbst ein hemmungsloser Optimist hätte diesen Satz kaum positiv deuten können. Für mich klang er wie ein vernichtendes Urteil.

Ich war schon an der Tür, streckte die Hand aus, um sie zu öffnen, als sie doch noch etwas sagte: »Keine große Stimme. Aber es lässt sich was draus machen. Musikalität ist da.« Ein Lächeln. Sympathisch. Langsam begriff ich, dass das eine Art von Lob war. Wieso hatte ich sie streng gefunden? Sie war sicher noch keine fünfzig und die Brille stand ihr ausgesprochen gut.

»Musikalität ist da«, teilte ich Alexander aufseufzend mit.

»Okay«, sagte er. »Dann zur Sprachgestaltung. Da musst du nicht singen. Nur reden. Das kannst du ja.«

Werch ein Illtum, wie es in einem Jandl-Gedicht so schön heißt.

15.

Ein sparsam möblierter Büroraum. Hinter dem Schreibtisch ein weißbärtiger Mann, Typ Yedi-Ritter. Durchdringender Blick. Ich versuchte, möglichst gerade zu stehen. Sprechtechnik beginnt mit der richtigen Haltung. Was würde er von mir hören wollen?

Wüsst' ich, wie stündlich dies schüfe ihr Glück,
würd' ich's mit bündigen Schwüren ihr künden!

Kein Problem, konnte er haben. Oder:

Fächelnd, lächelnd längs den Sälen
schwärmt verächtliches Gedränge.

Ich kann so was ohne Stolpern.

Er wollte nichts dergleichen. Er wollte wissen, wie alt ich war. Warum es mich zur Schauspielerei drängte. Und ob ich nicht auch fand, dass es ein ungewöhnlich warmer Juni war. Small Talk, nicht mehr. Netter Mann, irgendwie.

Dann kam es. Völlig unerwartet, daher umso vernichtender.

»Es ist Ihnen schon klar, dass Sie einen Sch-Fehler haben?«

Ich hätte jetzt nichts gegen ein Erdbeben der Stärke elf auf der zehnstufigen Richterskala gehabt. Tiefe Risse im Parkettboden, fallende Stuckdecken, allgemeine Panik. Aber der Boden schwankte nur ganz subjektiv unter mir allein.

»Ja, ich arbeite dran!«, hörte ich mich sagen. Unwahr. Ich hatte höchstens daran gearbeitet, dieses Problem zu verdrängen.

»Wie?«

Ja – wie? Gute Frage. »Balser-Eberle«, gab ich zur Antwort. Die Autorin des bekanntesten Sprechtechnik-Lehrbuchs.

»Welch schlecht berechtigtes Vermächtnis erwächst dem schwächlichen Gedächtnis«, stellte er fest und sah mich abwartend an.

Ich wiederholte den Satz. Die Sch zischten drohend.

»Schwer und schwül hingen tiefschwarze Wolkenschleier über dem schweigenden Wald«, teilte er mir in perfekter Sprache mit.

Ich wiederholte mit zunehmender Unsicherheit.

Er nickte. Bedeutungsschwer. Unheilschwanger. Schweigend. Schaudernd? Schockiert? Sch-Wörter umzingelten mich wie schleichende Schlangen.

Wieder nickte er. »Kein Problem. Das haben wir in ein paar Wochen korrigiert. Dazu bin ich ja da.«

Aufatmen meinerseits. Also kein Drama. Ganz im Gegenteil, mein Sch gab ihm einen Lebensinhalt.

»Hast du es gemerkt?«, fragte ich anschließend Alexander. »Dass mein Sch nicht in Ordnung ist?«

»Oskar Werner hatte auch eigenartige Sch«, sagte er. »Und war zum Niederknien. Lass dich nicht verunsichern.«

Nächste Station wieder Kantine. Alexander bestand darauf. »Noch eine Schattierung blasser und man nennt es Wasserleiche«, sagte er, nachdem er mich prüfend betrachtet hatte. Ein Charmebolzen. Schon wieder ein Sch-Wort.

An der Theke der Kantine ein Bärtiger, der mich heftig an einen weltweit bekannten Opernstar erinnerte. »Ist das nicht …?«, begann ich.

»Klar«, nickte Alexander. »Er gibt Gastvorlesungen für den musiklastigen Zweig unserer hoch geschätzten Lehranstalt. Weißt du was? Immer wenn hier eine deiner Fragen beginnt mit ›Ist das nicht …?‹, dann lautet die Antwort ›ja‹. Außer es erinnert dich jemand an Antonio Banderas. Das bin ich.«

Immerhin – er brachte mich zum Lachen und dazu, etwas zu essen.

Von Weitem sah ich Natalja, die ihrem Schützling offenbar ebenfalls Nahrhaftes verordnet hatte.

Ein *tramezzino* später (Mozzarella, Tomate) fand

ich mich mit einigen anderen aus unserer Kandidatengruppe auf der Probebühne der Schule. Alexander blieb diesmal an meiner Seite. »Du wirst sehen – der Baldauf hat viel drauf«, sagte er mit Blick auf den Dramatiklehrer. Brille, schmales Gesicht, Typ Arthur Miller in den Zeiten vor Marilyn Monroe. Jung. Intellektuell.

»Ich gebe euch als dramaturgisches Handwerkszeug für eine Szene dreierlei«, sagte er. »Ein einsilbiges Wort –«, dramatische Pause an der richtigen Stelle, »Gift.«

Gift ist gut, dachte ich. Damit kann man was anfangen.

»Ein zusammengesetztes mehrsilbiges Wort –«, wieder gezielt eingesetzte Pause, diesmal kürzer, »Teekessel.« Er ließ Gift und Teekessel wirken. »Und dann noch einen kompletten Satz …« Scheinbares Überlegen, obwohl er den Satz sicher längst präsent hatte. »Gib mir bitte das Salz.«

Gift. Teekessel. Gib mir bitte das Salz. Hm. Eine seltsame Kombination.

»Macht eine Szene draus. Komplett mit Text und schauspielerischer Interpretation. Ihr habt eine halbe Stunde dafür.«

Alexander und ich gingen in den Park hinter der Schule. Saßen im Gras. Entwarfen unseren Auftritt.

»Wir müssen uns auf eines der drei Elemente konzentrieren.« Alexander war jetzt ganz und gar dritter Jahrgang. Erfahren und alles.

»Gift«, schlug ich vor.

»Einverstanden. Gibt am meisten her.«

Alexander steuerte nur ein paar Ratschläge bei, ließ mich aber die Szene nach meinen Ideen entwickeln.

In einem Textbuch würde sie vermutlich so zu lesen sein:

(Junge Frau, allein.)

Frau: Ich hab ihn gewarnt. Ich werde nicht länger hinnehmen, wie er mich behandelt. Ein einziges Mal noch, habe ich ihm gesagt, und ich werde dafür sorgen, dass es nicht wieder passiert. Wasch dir lieber das Blut vom Gesicht, hat er höhnisch gesagt. Sieht ja ekelhaft aus.

(Sie holt aus ihrer Handtasche ein kleines Fläschchen.)

Genug ist genug.

(Sie entkorkt die Flasche, schnüffelt am Inhalt.)

Es soll geruch- und geschmacklos sein, hat man mir versichert.

(Sie horcht auf, hört offenbar Schritte näher kommen.)

Gleich kommt sie wieder, die Frage. Darauf kann man Gift nehmen – sozusagen. (Lacht.) Er soll sich nicht beklagen können … (Sie leert den Inhalt des Fläschchens in einen Teller.)

Mann (tritt auf): Essen endlich fertig?

Frau: Steht schon auf dem Tisch. Ich stell nur noch den Teekessel auf.

(Mann setzt sich, beginnt zu essen. Nimmt einen Löffel, stutzt, starrt den Löffel an, legt ihn zurück auf den Teller. Schaut die Frau an. Sie weicht unwillkürlich zurück, wartet mit schreckgeweiteten Augen auf das, was jetzt kommen wird.)

Mann: Gib mir bitte das Salz.

(Sie greift mit zitternden Händen nach dem Salzstreuer, reicht ihn dem Mann. Er streut Salz auf den Inhalt des Tellers und isst mit großem Appetit weiter.)

Arthur Miller nickte. »Ich werde mir das nächste Mal sehr gut überlegen, meine Frau zu fragen, ob das Essen fertig ist«, sagte er lächelnd. »Jetzt würde ich gern noch eine Variante sehen. Der Mann hat den Teller leer gegessen, das Gift wirkt. Er begreift, was mit ihm geschieht, und will sie attackieren. Aber noch ehe er sie erreicht, bricht er zusammen, bleibt auf dem Boden liegen. Sie genießt seine Hilflosigkeit und wirft ihm alles an den Kopf: ihre Wut über jahrelange Misshandlungen, ihre Frustration, ihren Hass.«

Alexander zeigte sehr gekonnte Vergiftungserscheinungen. Ging erst auf mich los, dann zu Boden. Schäumte vor hilfloser Wut.

Das bring ich auch, dachte ich und tobte los. Es

fühlte sich unglaublich gut an, den Frust jahrelanger Unterdrückung loszuwerden.

Ein »Gut, danke« holte mich aus meinem Leben als Giftmörderin zurück. Der Gemeuchelte stand grinsend auf.

Ich suchte nach einer Reaktion im Gesicht des Dramaturgen. Wie hieß er doch gleich? Ich hatte seinen Namen schon wieder vergessen. Irgendwas mit Frühaufsteher. Aber außer wohlwollender Distanz war da nichts zu entdecken.

»Jetzt eine ganz andere Szene: Ein junges Mädchen wird von einem Kaufhausdetektiv beim Stehlen erwischt.«

Pablo, der Übereifrige, meldete sich. »Ich würde sehr gerne den Detektiv spielen!«

Er erinnerte mich heftig (und unangenehm) an unsere Klassenbeste in der Schule. Alexander als Partner wäre mir bedeutend lieber gewesen, aber Protest meinerseits hätte irgendwie unkollegial ausgesehen und wer will schon unkollegial aussehen.

Konzentration. Die üblichen Fragen: Wer bin ich, wo bin ich, warum bin ich hier und wie geht es mir? Stahl ich aus Armut, aus Langeweile oder aus einem inneren Zwang? War ich in einem Billig-Supermarkt oder einem Luxus-Kauftempel? Wollte ich etwas zu essen oder nur den berühmten Kick? Hatte ich Angst oder war ich bloß aufgeregt? Eine Art Winona Ryder, die es nicht nötig gehabt hätte zu klauen? Genau, das war's. Ich ging suchend durch die Designer-Boutique eines imaginierten Kaufhauses, hielt mir ab und zu ein imaginiertes Kleidungsstück an und betrachtete mich im imaginierten Spiegel. Ab und zu schaute ich mich möglichst unauffällig um, ob ich von jemandem beobachtet wurde. Ich spürte die Aufregung und begann sie zu genießen. In der Kosmetikabteilung entschied ich mich schließlich dafür, eine Flasche Parfum einzustecken. Das rief bedauerlicherweise Pablo auf den Plan. Er stürzte auf mich zu, wollte wissen, was ich da in meiner Tasche hatte, hielt mich fest, wurde auf unangenehme Weise handgreiflich. Ich spürte, dass die Szene nicht gut war, dass sie zu hektisch und aufgeregt wurde. Gerangel statt Dramatik. Pablos Aggressivität ließ keinen Raum mehr für Emotionen.

Das »Danke« kam wie eine Erlösung. Kein weiterer Kommentar vonseiten des Frühaufstehers. Keine Beurteilung. Keine Diskussion. Keine Möglichkeit, etwas zu verbessern. Was mich wieder daran erinnerte, dass ich ja noch nicht aufgenommen war. Das hier war nicht Unterricht, sondern die Zulassungsprüfung.

Letzter Teil? Nicht ganz.

16.

Das Interview mit dem Rektor. Gemütliches Büro, gute *vibrations*. Trotzdem stand ich unter unverminderter Spannung.

»Warum sollen wir gerade Sie aufnehmen?« Freundlich forschender Blick.

Was wurde erwartet? Bedeutendes? Originelles? Tiefgründiges? Ein forsches: Weil ich die Beste bin?

Er merkte meine Unsicherheit und präzisierte seine erste Frage: »Was bedeutet die Schauspielerei für Sie?«

»Alles«, sagte ich. Spontan diesmal.

Abwarten seinerseits, ob das schon die ganze Antwort war.

»Es ist für mich die einzige Art, draufzukommen, wer ich bin.« Hatte ICH das gesagt? Hm.

Er lächelte, nickte.

Damit war der allerletzte Teil der alles entscheidenden Prüfung vorüber. Die Kommission zog sich in den Weißen Salon zur Beratung zurück.

Das Warten. Im Wintergarten des historischen Gebäudes. Wir zwölf und unsere Begleiter. Vorgetäuschte Selbstsicherheit, mühsam überspielte Zweifel. Weggelachte Angst, Humor ohne Fröhlichkeit.

Im Hintergrund bauten Studenten das traditionelle Buffet auf. Olfaktorische Erinnerung an Thunfischbrötchen. Zwiebelringe. Erdbeeriges. Zigarettenrauch. Schweiß.

»Du bist auf jeden Fall dabei«, sagte Alexander. Er wiederholte es in verschiedenen Varianten, weil ich immer stiller wurde. Allein die Tatsache, dass er glaubte mir das dauernd versichern zu müssen, machte mich noch unsicherer.

Irgendwann stand Natalja plötzlich vor mir und schaute mich mit ihren unwahrscheinlich graugrünen Augen an. Wo war Alexander abgeblieben? Vermutlich hatte er eingesehen, dass er in seiner Rolle als Aufheiterer gescheitert war. »Wer es bis hierher schafft, der ist nicht aufzuhalten«, meinte sie.

»Natalja«, sagte ich. »Das klingt wie aus *Doktor Schiwago.*«

Sie lächelte. Sehr viele Zähne. Wunderschöne Zähne. »Vater Deutscher, Mutter Russin. Beide Schauspieler. Bei mir liegt es in den Genen.«

Mit Bedauern dachte ich daran, dass meine Familie diesbezüglich völlig unergiebig war. »Wie lange dauert das üblicherweise?«, fragte ich. Klar, dass ich nicht die Gene meinte, sondern das Urteil der Kommission.

»Kommt darauf an, wie schnell sie sich einigen können.« Blick auf die Uhr. »Scheint, als gäbe es heute ein Problem mit der Entscheidung.«

Aus der Dämmerung war Dunkelheit geworden. Irgendjemand fragte, ob wir inzwischen schon mal was essen wollten. Ich wäre garantiert am ersten Bissen erstickt. Auch ein interessanter Tod. Ich würde dann nie erfahren, ob ich aufgenommen worden war. Den anderen schien es ähnlich zu gehen. Keiner ging zum Buffet. Viel langsamer als sonst zerhackte der Sekundenzeiger meiner Armbanduhr die Minuten in mindestens tausend Einheiten. Jemand erzählte eine komische Begebenheit von einer früheren Prüfung. Vermutlich hatte die Geschichte eine Pointe, denn es wurde gelacht.

Mein Herzschlag machte seltsame Sachen. Abwechselnd Hammerschläge, für die zu wenig Platz hinter den Rippen war, dann wieder war ich sicher, dass er überhaupt aussetzte.

Wie lange warteten wir schon? Eine Stunde? Zwei?

»Fast zwei Stunden«, sagte jemand wie als Antwort auf meine Gedanken.

Und dann war es irgendwann doch so weit. Die Kandidaten wurden in den Roten Salon geholt. Der Architekt hatte den Raum garantiert dafür geplant, dass man sich darin klein fühlte. Es funktionierte. Ich fühlte mich ameisenartig.

Der Rektor war mindestens zwei Meter zwanzig und

schaute uns über seine Halbbrille entgegen. In der Hand hielt er ein einziges Blatt.

»Das endgültige Ergebnis der Aufnahmeprüfung liegt nun vor.«

FALLS ES GOTT GIBT,
KANN ICH SIE NICHT LEIDEN
ODER:
DARF EINE TRAGÖDIE
EIN HAPPY END HABEN?

17.

Basketball. Ich bekam den Ball zu fassen, lief, sprang auf eine Art, wie ich noch nie in meinem Leben gesprungen war. Ein federnder Sprung, der mich hoch hinauftrug. Ein Gefühl der Schwerelosigkeit. Ich spürte den Ball auf meinen Fingerspitzen, gab ihm den endgültigen Kick in die richtige Richtung und sah zu, wie er direkt auf sein Ziel zusteuerte. Ja!!! Mein Triumphgefühl begleitete ihn. Im nächsten Augenblick flog er knapp am Korb vorbei. Unmutslaute rundherum. Enttäuschte Blicke der Teamkollegen. Ein verbitterter Trainer. Ich hatte eine Chance vergeben, wie sie so schnell nicht wieder kam.

Der Traum ein Leben. Aber das war noch der netteste der Albträume. Die anderen zeigten mir in Endlosschleife die Wirklichkeit. Den Freitagabend. Der Rektor kommt, begrüßt die Anwesenden, beginnt damit, die Namen vorzulesen. Meiner kommt als Zweiter. Nach vier Namen die entsetzliche Pause. Der bedauernde Blick über den Brillenrand. »Es tut uns leid. Für Sie hat es diesmal leider nicht gereicht.«

Leider nicht gereicht.

Leider nicht gereicht.

Leider nicht gereicht.

Ich wollte mir die Ohren zuhalten, aber meine Arme ließen sich nicht bewegen. Schließlich befand ich mich in einem Albtraum.

Man wacht auch nach dem Ende der Welt auf. Leider. Und zwar dort, wo man sonst auch immer aufwacht.

Und ewig glotzen die Bären.

Man putzt Zähne, man pinkelt, man hat die Regel. Das alles nach dem Ende der Welt.

Stell dir vor, die Welt geht unter und keiner macht mit … Ich fühlte mich allein gelassen. Die Sonne ging mit beispielloser Gleichgültigkeit auf. Autofahrer drückten wütend auf ihre Hupen. Die Opernsängerin aus dem dritten Stock übte. Binden Sie die Töne!, sagte meine Erinnerung.

Ich stand da wie ein Verdurstender in der Wüste, dem man die Vorratsflasche mit Wasser aus der Hand geschlagen hat. Mit dem letzten bisschen Wasser, das in der ganzen verdammten Wüste aufzutreiben war. Gruppenimprovisation ist Teamarbeit, hörte ich.

Im Café gegenüber tranken die Menschen ungerührt Cappuccino und Latte macchiato. Nippten dazwischen an ihrem Glas mit Wiener Hochquellwasser und lasen Zeitung.

Ich wurde sie nicht los, diese Szenen, die abliefen

wie Kurzfilme in Endlosschleife, in unbarmherziger Wiederholung. Der Rektor, wie er uns versichert, dass wir alle sehr begabt sind. Dass wir unseren Weg machen werden. Dass wir in einem Jahr die Prüfung mit den allerbesten Aussichten noch einmal versuchen können. Die Aufforderung, mit jedem einzelnen Lehrer zu reden und sich Feedback zu holen. »Das kann sehr hilfreich sein für die weitere Karriere.« Pablo, der sehr laut »Scheiß drauf« sagt und weggeht. Ihm folgt Cameron Diaz, die nicht mehr strahlt. Und Leo mit dem gleichmütigen Gesicht dessen, der in absehbarer Zukunft die Rollen von Ottfried Fischer spielen wird – mit oder ohne Schauspielschule. Beide wortlos.

Ich bin die Einzige, die bleibt. Die ein »Warum« haben will.

Wieder und wieder sehe ich mich auf die erste Tür zugehen. Höre dabei von irgendwoher die Jubelrufe der acht Aufgenommenen.

Mein Handy vermeldete Nachrichten auf der Mailbox. Ich stellte es ab, ohne nachzuschauen, wer meinen Weltuntergang störte. Nur meine Bären gingen gemeinsam mit mir unter. In einem Anfall von wütender Energie packte ich sie – alle achtundsechzig – in Schachteln und trug sie auf den Dachboden.

»Ja, glotzt nur«, sagte ich mitleidlos.

Mein Zimmer sah sehr leer aus danach. Recht so. Innere Leere entsprach der äußeren. Ich trieb irgendwo im Weltraum, die Schwerelosigkeit ein seltsamer Gegensatz zu den Gewichten, die ich in mir spürte. Das Mutterschiff unternahm mehrere Versuche, mich wieder an Bord zu holen, aber ich verweigerte hartnäckig.

Die Tür. Da ist sie schon wieder. Gelblich weiß gestrichen. Das Namensschild rechts an der Wand. Ich stehe davor. Klopfe. Höre das scharfe »Ja! Herein!«. Sie steht hinter ihrem Schreibtisch, sieht mir mit diesen seltsam leblosen Augen entgegen. Augen, die hell sind, aber so tief in den Höhlen liegen, dass sie dunkel wirken. Ich gehe einige Schritte in das Zimmer. Sie bleibt, wo sie ist, regungslos, sagt zunächst kein Wort. Es kommt keine Aufforderung, mich zu setzen, keine Frage, was ich von ihr wissen will. Kein Kommentar zur Prüfung. Dann bilden sich einige Falten um die Mundwinkel, was wohl eine Art von Lächeln andeuten soll. Es ist kein angenehmes Lächeln. Triumph ist drin und noch etwas anderes, das ich nicht deuten kann. Und dann sagt sie es: »Wenn du glaubst, bloß mit einem hübschen Gesicht und langen Haaren kommt man in diese Schule, dann hast du dich getäuscht.«

Ein »Du« jetzt auf einmal. Aber es ist keines, das gleichstellt, Nähe bringt, sondern das »Du« des Überlegenen.

Ich stehe da und höre mich selbst paradoxerweise »Danke« sagen. Wie absurd.

Man zieht mir den Boden unter den Füßen weg, man verhöhnt mich, und ich sage »Danke«.

Den Schmerz weghungern. Die Erinnerung an Essen verursachte mir sowieso Übelkeit. Dafür trank ich Unmengen von Pfefferminztee. Ausgerechnet. Keine Ahnung, warum. Meine Mutter füllte Kühlschrank und Obstkorb mit Dingen, die ich normalerweise mag, blieb aber ansonsten erstaunlich gelassen, was meine Nahrungsverweigerung betraf. Irgendwann (nach Tagen? Wochen?) hörte ich, dass sie medizinischen Rat bei meinem Vater einholte. Aus ihren Antworten schloss ich, dass er sie beruhigte. Das wunderte mich nicht besonders. Mein Vater ist in medizinischen Dingen ein heiterer Beschwichtiger. Machen Sie sich keine Sorgen, es ist bloß ein bisschen Pest oder eine kleine Choleraepidemie, das kriegen wir schnell wieder hin.

Auf meine Frage hätte er sowieso keine Antwort gewusst. Wo war das Antibiotikum, die Impfung oder was auch immer gegen die Zwangsbeglückung mit Szenen, die wieder und wieder abliefen? Ich wollte sie nicht mehr sehen, selbst wenn manche auch etwas Tröstliches an sich hatten. Das Ergebnis blieb doch immer dasselbe.

Im Zimmer des Rektors. Er kommt mir entgegen und nimmt meine beiden Hände in seine. Sehr kalte Hände in warmen. Sein Gesicht, ganz nahe. Ein Rasierwasser mit einem Hauch von einem exotischen Gewürz. Ingwer? Zitronengras? Zuwendung und Sympathie in den Augen. Auch irgendwie Väterliches, von dem ich sowieso viel zu wenig kriege. Er sucht spürbar nach den richtigen Worten. »Wir haben um dich gekämpft«, sagt er schließlich.

Die Formulierung überrascht mich. Um mich gekämpft? Offenbar wenig erfolgreich.

»Es tut mir leid. Deine Begabung steht außer Zweifel.« Kleine Pause. »Du hattest einen Feind in der Kommission.«

Auch hier das »Du«. Aber von ihm ist es anders. Es will mich einbeziehen, mir zeigen, dass ich dazugehöre. Irgendwie.

Dann die Abschwächung der Begründung. »Abgesehen davon ist da noch etwas anderes. Die Tatsache, dass du so jung bist. Nicht einmal siebzehn. Die acht Kandidaten, für die wir uns entschieden haben, sind alle über zwanzig. Wir versuchen, die Klasse altersmäßig homogen zu halten.«

Und warum setzt man dann die untere Altersgrenze mit sechzehn fest?

Ich hatte meiner Mutter alle diese Details erzählt, gleich an dem Abend, als ich nach Hause kam und sie mit einem Blick sah, dass sie nicht fragen musste, wie es ausgegangen war. Wie bitteres Zeug war es aus mir herausgequollen, ein nach Galle schmeckender Wortschwall, vermischt mit Tränen, ohne dass ich mich nachher besser oder leichter gefühlt hätte.

Meine Mutter produzierte genau die richtige Mischung aus mütterlicher Empörung und Mitgefühl. Aber das half natürlich nicht im Mindesten. »Du brauchst das Gymnasium nicht fertig zu machen, wenn du nicht möchtest«, sagte sie irgendwann.

Gymnasium? Gymnasium? Irgendwo hatte ich dieses Fremdwort schon einmal gehört. In einer anderen Welt, die nichts mehr mit mir zu tun hatte.

Ich blieb stumm.

»Es gibt andere Schauspielschulen.«

Sie meinte es gut. Aber das Gegenteil von gut ist bekanntlich gut gemeint.

Ich wartete vergeblich auf sintflutartige Regenfälle oder Schnee im Juli. Sogar die Hitzewelle war vorüber. Tag für Tag ruhiges, störungsfreies Sommerwetter mit angenehmen Temperaturen. Ich war dem Kosmos egal, so viel stand fest.

18.

Ein anderer Morgen nach Weltuntergang. Sonne überall außer in mir. Ich existierte irgendwo am Rande der Realität, das lange Fasten machte mich durchlässig. Wenn ich mich eines Morgens nicht mehr im Spiegel entdeckt hätte, wäre ich nicht weiter erstaunt gewesen.

Das Telefon läutete, meine Mutter hob ab, hielt mir den Hörer entgegen. »Für dich.«

Ich schüttelte den Kopf. Ich wollte noch immer mit niemandem reden. Nicht mit Gregor, nicht mit Teresa, nicht mit meinem Vater, nicht mit Sandro, nicht mit Alexander und mit irgendjemand anderem schon gar nicht.

»Was soll ich denn sagen?« Bekümmertes Muttergesicht.

Na was schon, dachte ich. Dass die Welt untergegangen ist und ich mit. Was denn sonst?

»Wusste gar nicht, dass du eine Natalja kennst«, murmelte meine Mutter, bevor sie zu einer Antwort am Telefon ansetzte.

Im nächsten Augenblick hatte ich den Hörer am Ohr.

»Hej! Wie geht's?« Die Stimme setzte eine Reihe von Bildern in Bewegung. Jemand, der auf mich zukommt. Ein Blick, der meinen sucht, findet, festhält. Graugrüne Augen mit einer Andeutung von einem Lächeln.

»Nicht so gut«, antwortete ich matt.

»Magst du reden?«

»Weiß nicht.«

»Im Sperl? Um vier?«

»Gut.« Ich legte auf. Ich war zu erschöpft für Höflichkeiten.

Ein Fenstertisch. Ich war natürlich zu früh. Der intensive Duft von Apfel, Zimt und heißer Butter ließ mich gleichgültig. Die Welt des Apfelstrudels war ebenfalls an jenem Freitag untergegangen.

Wenig später sah ich Natalja von der anderen Straßenseite auf das Kaffeehaus zukommen. Sehr groß, sehr schlank, ein salbeifarbenes Leinenkleid in perfekter Harmonie zu den Augen und den kurzen dunklen Haaren, die bei diesem Licht einen Hauch von Rot zeigten. Ein Mann drehte sich im Gehen nach ihr um und rannte gegen eine Straßenlaterne. Nichts da, mein Guter, dachte ich mit Genugtuung. Sie ist mit MIR verabredet. Ich merkte, dass ich lächelte, und rief mich selbst zur Ordnung. Nach dem persönlichen Weltuntergang wird nicht mehr gelächelt.

Dann saß sie mir gegenüber.

»Woher hast du eigentlich meine Telefonnummer?«, fragte ich.

»Sekretariat. Schon vergessen, dass du ein Buch in der Kantine vergessen hast?«

»Hab ich?« Ich merkte, dass ich schon wieder das Lächelverbot missachtete.

»Was willst du jetzt tun?«, fragte Natalja.

»Hungern«, antwortete ich. »Das fühlt sich im Augenblick gut an.«

Sie nickte so ernsthaft, als hätte ich eben einen interessanten, differenzierten Lebensplan dargelegt. »Als mein Kater vor zwei Jahren überfahren wurde, habe ich auch drei Wochen nichts gegessen.«

Pause. Mir fiel nichts Sinnvolles dazu ein.

»Hinterher war ich zehn Kilo leichter und er war noch immer tot.«

»Und dann?«, fragte ich.

»Dann hab ich eine Handvoll Rotfelliges mit Triefaugen aus dem Tierheim geholt. Man hat mir versichert, dass eventuell mal ein Kater daraus werden würde.«

Fragender Blick meinerseits.

»Vincent wiegt inzwischen sechseinhalb Kilo und stellt alles in den Schatten, was jemals über schlaue, verfressene rote Kater zu sehen und zu hören war. Er ist das einzige Macho-Element, das ich in meinem Leben dulde.«

Ich spürte, dass ich schon wieder lächelte.

»Hast du Lust, nach Venedig zu fliegen?« Die Frage kam so überraschend, dass ich sie nur anstarrte. Sie interpretierte meinen Blick falsch. »Billigflug. Vienna Air. Fünfzig Euro.«

Mit Natalja nach Venedig ... Irgendwie fühlte sich das sehr seltsam an.

Diesmal interpretierte sie meinen Blick richtig. »Morgen früh hin, am Abend wieder zurück. Wir sind zu fünft. Einer ist ausgefallen, sein Ticket wäre zu haben.«

Venedig. Hm. Ich war einmal dort gewesen. Ein Ereignis, das nicht unbedingt nach Wiederholung verlangte. Paläste wie aus Zuckerguss und geflutete Straßen sind nicht mein Ding. Ich sagte noch immer nichts.

»Wir wollen uns auf der Biennale eine Videoinstallation von Bill Viola anschauen. Du hast vielleicht schon von ihm gehört.«

Hatte ich nicht.

»Egal. Der Bönisch meint, jeder Schauspieler müsste sie sehen.«

Der Bönisch. Also eine Art Schulausflug. Ein schmerzhafter Stich. »Ich gehöre doch gar nicht zu euch.«

»Sagt wer?«, fragte sie.

Darauf hätte ich eine Menge antworten können, aber ich hatte keine Lust, über die Prüfung zu reden.

»Okay. Und wann?« Belegte, kratzige Stimme. Länger nicht in Verwendung gewesen. Stimmen rosten.

»Abflug acht Uhr fünf, Wien-Schwechat.« Kleine Fragezeichen tanzten im Graugrün.

Ich bestellte Apfelstrudel.

19.

Noch nie zuvor hatte meine Mutter so bereitwillig fünfzig Euro extra lockergemacht.

Ihre Erleichterung war offensichtlich. »Ich bring dich natürlich zum Flughafen!« Supermom (übereifrig).

»Nicht nötig, wir treffen uns alle am City-Terminal. Geht schneller als mit dem Auto.«

»Auch nicht abholen?« Supermom (enttäuscht).

»Auch nicht abholen.«

»Jedenfalls bin ich froh, dass du wieder zurück unter den Lebenden bist.« Supermom (erleichtert).

Na ja. Es war natürlich nicht so, dass sich mit einem Schlag alles verändert hatte. Ich wachte auch in dieser Nacht auf und sah die Szene mit der Arnold vor mir. Hörte ihre scharfe Stimme. Sah den Triumph in ihrem Gesicht. Und auch in dieser Nacht flog der Ball knapp am Korb vorbei. Aber zum ersten Mal seit Wochen hatte ich das Gefühl, die Albträume hinter mir lassen zu können. Irgendwann.

Mein Magen registrierte mit Verwunderung die Ankunft einer Banane. Für ein richtiges Frühstück war nicht genug Zeit. Vielleicht würde es an Bord etwas geben. Trotz Billigflug.

Treffen am City-Terminal. Verschlafene Gesichter. Drei unbekannte. Julia. Sebastian. Andreas. Und Natalja natürlich. Alle dritter Jahrgang. Vierter demnächst. Im Schuljahr, das ohne mich stattfinden würde. Wieder dieser Stich. Schmerzhaft, aber auszuhalten.

Kurze Fahrt mit CAT, dem Schnellzug zum Flughafen.

Start in einen wolkenlosen Sommerhimmel. Da war weniger Vorfreude als grenzenlose Verwunderung. Gestern war ich noch in einem dunklen Loch gewesen, mein Magen eine geballte Faust, absolut ungeeignet zur Nahrungsaufnahme. Heute saß ich in einem Flieger, schaute hinunter auf einen Teppich mit eingewebten Straßen und Häusern und verlangte von der Frau im rot-weißen Uniformkostüm eine Extrasemmel.

Natalja saß neben mir und roch nach Vanille. Nicht nur. Ein bisschen Rosmarin war auch dabei. Ihr Shampoo vermutlich.

Landung, holprig. Nicht in Venedig, sondern in Treviso. Billigflug eben. Aber der Shuttlebus wartete wie vereinbart und brachte uns zur Piazzale Roma. Hässlicher Wartesaal zur angeblich schönsten Stadt der Welt. Natalja schien sich auszukennen. Kaufte Vaporetto-Tickets, wusste, welches Boot wir nehmen mussten. Ging in den engen Gassen voraus und führte uns zu der Kirche mit dem Biennale-Beitrag dieses Bill Viola, den man zu kennen hatte. Chiesa San Gallo, las ich.

Dann saß ich in dieser winzigen Kirche auf dem Boden. Der beste Platz, um alle drei Videowände auf einmal beobachten zu können. Was ich sah, waren Menschen, die in immer neuer Abfolge von drei Seiten auf mich zukamen. Weit weg zunächst, aus einer farblosen Unschärfe. Langsam, sehr langsam kamen sie näher. Noch immer ohne Farbe. An einem ganz bestimmten Punkt geschah es dann. Offenbar ohne Vorwarnung fiel ein Vorhang aus Wasser. Der nasse Schwall traf sie unvorbereitet, nahm ihnen sichtlich den Atem.

Sehr gut gespielt oder echte Überraschung? War es das, was angehende Schauspieler sehen sollten?

Mit dem Wasser kam das Licht. Und die Farben. Aus geisterhaften Wesen wurden lebendige Menschen. Zunächst Verwunderung in den Gesichtern. Dann Begreifen. Irgendwann drehten sie sich um und gingen weg. Manche sichtlich ungern, andere dagegen bereitwillig. Einige schauten noch einmal zurück, ehe sie in der Unschärfe verschwanden.

Ich sah ihnen zu. Wieder und wieder. Was sollte mir das sagen? Dass wir den Schock brauchen, um etwas Bestimmtes zu begreifen? Der kalte Guss erinnerte mich natürlich an die Aufnahmeprüfung. Aber ich hatte keine Lust, darin etwas Positives zu sehen. Ich war vorher lebendiger gewesen.

Fotografierende Japaner, grölende Leute mit Karnevalshüten, dicke Frauen in engen Radlerhosen verstellten mir auch diesmal die Sicht auf angebliche Schönheiten.

Die Preise in den Restaurants waren so hoch, als wäre silbernes Besteck zum Mitnachhausenehmen inbegriffen.

Jede Menge Hunde aller Rassen und Größen wurden durch die engen Gassen gezerrt. Natalja sah, wie ich mich kopfschüttelnd nach einem riesigen Bernhardiner umdrehte.

»Das Problem ist wie immer am anderen Ende der Leine«, sagte sie.

Ich hatte nichts dagegen, in den wartenden Shuttlebus zu steigen. Natalja saß wieder neben mir, sie sagte nichts, sah mich aber fragend an. Mir war nicht klar, ob der Blick Venedig betraf oder Bill Violas Menschen. Schulterzucken meinerseits. Sie schien enttäuscht zu sein.

Als ich nach Hause kam, fand ich auf meinem Bett einen neuen Bären. Er trug eine weiße Halskrause und ein Namensschild, auf dem »Shakesbär« stand. Daraufhin musste ich leider ein bisschen weinen und meine Mutter ziemlich heftig umarmen. Anschließend holte ich eine Auswahl der engsten Familienbären wieder vom Dachboden.

Man kann seine Kindheit eben nicht so einfach entsorgen.

20.

Der Anruf kam am Tag nach Venedig.

»Baldauf«, sagte die Stimme.

Ich brauchte eine Nanosekunde, um den Zusammenhang herzustellen. Der Frühaufsteher. Arthur Miller. Der Dramaturg mit den Improvisationen. Er rief an, um mir zu sagen, dass sie sich geirrt hatten bei der Abstimmung und das Ergebnis widerrufen wollten. Dass die Arnold unter Tränen gestanden hatte, mich nur deswegen so heftig abgelehnt zu haben, weil ich ihrer Erzfeindin ähnlich sah. Selbstverständlich wurde sie auf der Stelle entlassen. Die Schule entschuldigte sich bei mir und bat mich, nicht nachtragend zu sein und ab Herbst freundlicherweise den ersten Jahrgang zu besuchen.

Meine Gedanken turnten blitzschnell wie geistesgestörte Eichhörnchen von Wunsch zu Wunsch.

Quatsch. Klarerweise war alles ganz anders.

»Hallo?«, ließ sich Baldauf hören. Fragend.

Wie lange hatte ich stumm den Hörer in der Hand

gehalten? Voll beschäftigt mit dem gedanklichen Szenario.

Ich brachte gerade mal ein beklommenes »Ja?« zustande.

»Hören Sie, ich werde eine *Komödie der Verführung* inszenieren. An der Burg. Wir sind dabei, die Gilda zu besetzen. Haben Sie Lust vorzusprechen? Die Rolle haben Sie ja einstudiert.«

Alles sofort wieder da. Selbstzweifel, Unsicherheit, Enttäuschung – Empfindungen, die wie Aliens von mir Besitz ergriffen hatten, ständig bereit, mich von innen her aufzufressen.

»Ich hab ja noch nicht mal die Aufnahmeprüfung geschafft«, sagte ich. Der beleidigte Klang in meiner Stimme irritierte mich.

Ihn offenbar auch. »Das ist doch völlig unwichtig«, sagte er.

Für mich nicht, dachte ich.

»Sie sind genau der Typ.«

Ja, ich bin blond, jung, weiblich. Wohin genau hat mich das gebracht?

»Und Sie sind außerordentlich begabt.«

Ach ja? Und warum hat man mich dann nicht aufgenommen?

»In unserem Beruf muss man mit Enttäuschungen umgehen lernen.«

Das auch noch. Ein Rat fürs Leben. Danke vielmals, lieber Onkel.

»Heute um vierzehn Uhr? Burgtheater, Lusterboden.«

Widerspruch erwartete der Mann wohl nie?

»Ja, gut.«

»Dann bis später.«

Freizeichen.

Um zwei also. Ich schaute auf die Uhr. Es war zehn vorbei. Zeit genug, um noch einmal das ganze Stück zu lesen. Die berühmten vier Fragen zu stellen. Auf die Antworten zu warten. Ich wollte so gut sein, wie ich konnte, obwohl ich in völliger Klarheit sah, dass dieses Vorsprechen keine neue Chance war. Kein Anfang, sondern ein Schlusspunkt, der die Niederlagen dieses Sommers komplett machen würde. Letzter Teil einer Prüfung, deren Ergebnis ich im Voraus wusste. *Vater, sie hat sich umgebracht,* murmelte ich. Wenigstens war es eine Rolle, bei der eigene Verzweiflung hilfreich war.

Bühneneingang, antiker Aufzug, enge Wendeltreppe. Passender Schauplatz für Psychokrimis. Gleich würde einer mit Messer im Rücken aus den Requisiten taumeln.

Die resolute ältere Frau, die vor mir auftauchte, taumelte keineswegs. Typische *No-nonsense*-Frau. »Ich bin die Assistentin von Herrn Baldauf«, sagte sie und ging mit raschen Schritten voraus. Holzboden, knarrend, irgendwo darunter die Hauptbühne. Alte Mechanik, Schnüre, Requisiten. Die Nase meldete Staub, Maschinenöl und einen Hauch von Hustenbonbons. Ich atmete tief. Theaterluft.

Dann eine Art Studio mit schrägen Fenstern. Ein länglicher Tisch. Dahinter drei Männer, einer von ihnen war Baldauf. Einen zweiten kannte ich aus dem Fernsehen: der Direktor des Burgtheaters. Der Name des dritten kam mir irgendwie bekannt vor, ich wusste aber nicht, woher. Freundliche Begrüßung, Händeschütteln. Seltsamer Schwebezustand, wie ich ihn aus Träumen kannte. Nicht unangenehm, nur total unwirklich.

»Zeigen Sie uns den Monolog so, wie Sie ihn für die Prüfung einstudiert haben«, verlangte Baldauf.

Ich drehte mich um, verließ wortlos den Raum und schloss die Tür hinter mir. Ob sie sich darüber wunderten, war mir egal. Ich hatte zu Beginn der Szene in ein Zimmer zu stürzen. Also brauchte ich eine Tür. Einige Augenblicke blieb ich mit geschlossenen Augen draußen stehen und konzentrierte mich darauf, wer ich war, wo, warum und wie es mir in diesem Augenblick ging. Dann riss ich die Tür auf, stolperte schluchzend vorwärts und rief: »*Vater, sie hat sich umgebracht! Die Gräfin – und mit ihr der Herr, der heute angekommen ist. Sie haben sich beide ins Meer gestürzt und sind ertrunken.*«

Die Leute vor mir wurden erstaunlich unwichtig. Auch nach dem Ende des Monologs, nach der verwunderten Feststellung: … *versanken sie beide zugleich mit einer unbegreiflichen Geschwindigkeit, als tränke das Meer sie ein,* schaute ich nicht sofort in die Gesichter meiner wenigen Zuschauer, sondern durch die Fensterfront, auf die Kastanienbäume im Rathauspark, als würde ich dort die beiden noch einmal untergehen sehen.

»Danke.« Knapp, kühl. Das war Baldauf. Die anderen sagten gar nichts. Auch nicht mit dem Ausdruck ihrer Gesichter. Nichts. Wie neutral können Menschen eigentlich dreinschauen?

Baldauf trommelte mit einem Bleistift auf den Tisch. »Machen Sie das noch einmal und kommen sie lachend herein.«

Lachend?, dachte ich. Der Typ ist pervers.

»Gilda ist fünfzehn. Fast noch ein Kind. Und sie hat etwas gesehen, das sie nicht begreifen kann. Sie steht unter Schock. Ich möchte das Ganze total gegen den Text gespielt sehen.«

Geschockt? Hysterisch lachend? Gut, konnte er haben. Noch einmal hinaus vor die Tür. Neuerliches Ins-Zimmer-Stürzen.

Erstaunlicherweise fühlte sich diese irre Variante gut an. Das Lachen des Entsetzens. Diesmal unterbrach er mich mitten im Monolog, noch ehe die beiden untergehen konnten.

»Danke. Sie hören von uns.«

Ja, ja: *Don't call us, we call you.* Die berühmte Ablehnungsformel in Hollywood. Ich war nicht einmal enttäuscht. Ich hatte es ja schon vorher gewusst. Niemand bekommt einfach so eine Rolle am Burgtheater. Ohne jemals einen vernünftigen Unterricht gehabt zu haben. Vom Sch-Fehler mal ganz abgesehen.

21.

Auf dem Weg durch die Innenstadt zog ich Bilanz. Ich hatte den Abschluss der siebten Klasse im Gymnasium geschafft. Ich hatte jede Menge Rollen einstudiert und war bis in die letzte Runde der Aufnahmeprüfung gekommen. Schlussfolgerung: Ich hatte mir Ferien verdient. Die diversen Pläne für diesen Sommer fielen mir wieder ein: Mit meiner Mutter zu Freunden an einen See im Salzkammergut. Tagelanger Regen, Menschen im Lodenumhang. Mit meinem Vater nach Griechenland. Meer. Zikaden, knorrige Olivenbäume. Seiner Freundin möglichst aus dem Weg gehen. Lieber wäre ich überhaupt nicht weggefahren. Ich mochte die Stadt im Sommer. Wien ohne Wiener. Hat was.

Erstes Ziel im neuen Feriengefühl: der beste Eissalon der Stadt.

Auf dem Gehsteig standen Tische, voll besetzt mit Menschen, die offenbar wild entschlossen waren, den Sommer in der Stadt zu genießen. Telefonierende, plaudernde, Eis löffelnde, Kaffee trinkende Menschen.

Pistazie, Karamell, hatte ich mittlerweile beschlossen und wollte mich eben in die Reihe der Tüteneiskäufer einordnen.

Die hellroten Strähnen standen unvermittelt wie Rufzeichen in meinem Bewusstsein. Sie waren Teil meines täglichen Lebens und daher unverwechselbar. Meine Mutter saß an einem der kleinen Tische, vor sich einen Cappuccino, neben sich einen offensichtlich männlichen Menschen, von dem ich nur den Hinterkopf sah. Geschäftliche Besprechung, dachte ich und hatte nicht vor, sie dabei zu stören. Dann kam mir der Hinterkopf plötzlich bekannt vor. Ein paar Schritte aus der Reihe, ein anderer Blickwinkel und mein Verdacht bestätigte sich: Meiner Mutter gegenüber saß der Mann mit dem auffallenden Interesse für Juwelierschaufenster. Vermutlich ein polizeilich gesuchter Trickbetrüger. Heute in olivfarbenem Edelknitterleinen. Hellblaues Hemd. Olivfarbene Socken. Man kann Styling auch übertreiben. Ich stand da und starrte. Ich konnte problemlos starren. Keine Gefahr, dass meine Mutter durch meine Blicke aufmerksam wurde. Sie hätte nicht einmal bemerkt, wenn ein Krokodil an ihrem linken Fuß genagt hätte. Der Typ redete und meine Mutter sah ihn an. Mit einem Blick, den ich an ihr nicht kannte. Absolut unmütterlich. Ich machte kehrt. Keine Lust mehr auf Pistazie und Karamell. Stattdessen kaufte ich Schafskäse, eine Gurke und Tomaten. Griechischer Salat ist mein Spezialgebiet. Und Gemüse klein schneiden hilft beim Denken.

Auf dem Heimweg traf ich Teresa. Sie schimpfte auf die Idioten, die mich nicht aufgenommen hatten. Ich sah keinen Grund, ihr zu widersprechen. »Wenigstens gehen wir noch ein Jahr in dieselbe Klasse«, meinte sie dann. »Übrigens: Ich wollte es dir vor der Prüfung nicht sagen, aber der Typ, der mich da angelabert hat, du weißt schon …«

Ich nickte.

»Er hat mich gefragt, ob ich auch eine Lesbe wäre.«

»Auch? Wer denn sonst noch?«, fragte ich.

»Dass du eine bist, davon war er total überzeugt.«

»Ich?« Waren Lesben nicht Mannweiber in schwarzem Lederzeug, mit einer Kawasaki vor der Tür? Meine einzige Berührung mit dem Thema war die rosa-lila Villa auf der linken Wienzeile, an der ich manchmal vorbeikam. Lesben- und Schwulenhaus, stand da. Oh ja – und an eine launige Bemerkung meines Vaters erinnerte ich mich: Lesben? Die versteh ich total! Ich mag ja auch Frauen viel lieber als Männer. Haha, sehr witzig.

Was hatte das alles mit mir zu tun? »Ich nehme an, ein typischer Fall von Größenwahnsinn«, sagte ich mit Überzeugung. »Wer nicht auf ihn abfährt, muss vom anderen Ufer sein. Vielleicht hat er versucht, mich anzubaggern, und ich hab es nicht einmal bemerkt.«

»Genau«, nickte Teresa. Sie schien irgendwie erleichtert zu sein. »Hab ihn sowieso blitzartig abserviert. Schneller, als man *Ocean's Thirteen* sagen kann.«

Wo Teresa ist, ist George Clooney.

Als meine Mutter nach Hause kam, streute ich eben freigiebig Oregano über die Komposition.

»Toll!«, sagte sie.

»Seit wann triffst du den Typen?«, sagte ich.

»Wen?«

»Ich war beim Eissalon«, antwortete ich.

»Oh.«

»Seit wann?«, beharrte ich und bemerkte, dass unsere Rollen irgendwie vertauscht waren.

»Wir waren ein paarmal Kaffee trinken miteinander, das ist alles«, sagte sie.

»Er ist möglicherweise ein gesuchter Verbrecher. Und hundert Jahre jünger als du.«

Sie hielt mir eine gefaltete Zeitung unter die Nase. »Trickbetrüger gefasst«, stand da. Ein Foto war auch dabei. Es sah ihm nicht im Mindesten ähnlich. »Er ist Schmuckdesigner«, erklärte sie. »Daher sein Interesse an den Juwelierschaufenstern.«

»Na schön, dann ist er vielleicht kein Verbrecher. Das macht ihn aber auch keinen Tag älter«, beharrte ich. »Und dich nicht jünger.«

Meine Mutter holte mit spitzen Fingern (hellrot lackiert) ein Gurkenstück aus dem Salat. Ich hasse Nagellack. »Stimmt. Er ist zehn Jahre jünger als ich.

Okay – fast elf. Hast du ein Problem damit? Bist du vielleicht auch der Meinung, Frauen über vierzig sollen sich gefälligst an Siebzigjährige halten, wenn sie schon den unangebrachten Wunsch nach einer neuen Beziehung haben?«

Über vierzigjährige Frauen hatte ich mir noch nie Gedanken gemacht. Genauso wenig wie über hundertjährige. Die waren Mütter, Großmütter, Klavierlehrerinnen oder verlassene Frauen mit Rachekomplexen.

Ihre Stimme wurde weich, wollte überzeugen. »Da war plötzlich wieder jemand, für den ich wichtig war. Jemand, der wochenlang nach einer Gelegenheit gesucht hat, um mich kennenzulernen. Ich hab das gebraucht. Dringend. Mein Ego war kaum noch unter dem Mikroskop sichtbar.«

»Und Daddy?«, fragte ich.

»Was ist mit ihm? Wir sind bekanntlich geschieden. Außerdem hat er Margot.«

»Manuela«, korrigierte ich.

»Die ist schon wieder Geschichte«, antwortete meine Mutter. »Hast du bloß nicht mitgekriegt.«

Ich seufzte. »Was gebt ihr bloß für ein Vorbild ab? Für einen jungen Menschen mit Idealen? Ich mach mir Sorgen um meine Gene.«

»Deine Gene sind in Ordnung«, sagte sie. »Und dein Salat spitze. Und ich liebe dich.«

Ich fand ihre plötzliche Fröhlichkeit ein wenig peinlich. Oder jedenfalls die Ursache dafür.

22.

Es gibt Tage, die haben ungefähr so viel Handlung wie ein Telefonbuch. Und andere, an denen passiert dauernd was.

BITTE UM KONTAKTA
UFNAHME MIT SEKRET
ARIAT BALDAUF

sagte das Handy-Display. Darunter stand eine Telefonnummer.

Immerhin, er wollte mir offenbar persönlich mitteilen, warum ich als Gilda ungeeignet war. Feedback. Wichtig für die weitere Karriere. Kannte ich alles schon. Wahrscheinlich fand er mich zu jung oder meine Haare zu lang oder mein Sch nicht ganz sauber.

Es war nicht er, sondern eine Sekretärin, die sich meldete. Ich sagte meinen Namen. »Ja, richtig. Heute, achtzehn Uhr – geht das für Sie?«

»Wo?«

»Er hat gesagt, sie wüssten schon.«

Ich wusste gar nichts, war aber kurz vor sechs am Bühneneingang und fragte den Portier nach ihm. »Probebühne«, sagte der. »Den Gang da entlang.«

Eine offene Tür. In der ersten Reihe vor der leeren Bühne saßen ein paar Leute und lasen. Ein älterer Mann. Ein deutlich jüngerer. Eine Frau unbestimmbaren Alters, völlig ungeschminkt, die Haare streng aus dem Gesicht gekämmt. Alle drei schauten kurz auf, erwiderten andeutungsweise meinen Gruß und widmeten sich dann wieder ihrer Lektüre. Ich fragte nach Baldauf. »Muss gleich kommen«, sagte die Frau. Sie kam mir irgendwie bekannt vor.

Dann war Baldauf plötzlich da, streifte mich mit einem kurzen (irritierten?) Blick und sagte zu niemand Bestimmtem: »Können wir anfangen?«

Ich war hier ganz falsch, so viel war klar. Wahrscheinlich hätte ich nicht nach ihm, sondern nach seiner Assistentin fragen sollen. Oder nach seiner Sekretärin. Oder vernünftigerweise gar nicht kommen.

»Ich glaub, ich hab da was missverstanden«, sagte ich. Fluchtbereit.

Er schaute auf die Uhr. »Wieso? Wir sind vollzählig. Wir können anfangen.«

»Womit?«, fragte ich.

»Hat meine Sekretärin das nicht dazugesagt? Erste Textprobe.«

23.

Als ich zwei Stunden später aus dem Theater ging, hatte ich in einer Mappe eine aktuelle Bearbeitung des Stückes von Arthur Schnitzler, einen Probenplan und die Telefonnummer der Kostümbildnerin. Und ich hatte gelernt, dass man bei einer Textprobe nicht viel mehr macht, als den Text einfach vorzulesen. Die Kollegen hatten meinen Spieleifer zunächst belächelt und mich dann aufgeklärt.

Ich war die Gilda der nächsten Theaterproduktion! Keine große Rolle, aber auch nicht ganz unwichtig. Wer die unscheinbare Frau war, wusste ich inzwischen auch. Eine der bekanntesten Schauspielerinnen im Land. Und wunderschön, wenn sie auf der Bühne stand. Oder vor einer Kamera. Die andere Wirklichkeit.

Es war fast dunkel mittlerweile. Ohne auch nur einen Augenblick nachzudenken, tippte ich die einzig mögliche Telefonnummer in mein Handy. »Es gibt Neuigkeiten«, sagte ich.

Dann saßen wir einander gegenüber und ich erzählte. Alles, bis in die letzte Einzelheit.

»Ein Vertrag mit dem Burgtheater«, sagte Natalja, als ich mit dem Bericht fertig war. »Davon können die meisten nur träumen.«

»Erst mal ein Stückvertrag.« Manchmal bin ich auch bescheiden.

»Deine Ferien dürften damit ziemlich ausgebucht sein.«

Der See im Salzkammergut und die griechischen Olivenbäume lösten sich irgendwo am Rand meiner Gedanken in nichts auf. Ich trauerte ihnen nicht nach. »Stimmt. Wie sind denn deine Pläne?«

»Moskau«, sagte Natalja. »Meine Mutter hofft natürlich, dass ich die ganzen Ferien über bei ihr bleibe. Bis September. Weil ich ja das Jahr über hier bei meinem Vater in Wien lebe. Bei ihm und seiner neuen Frau.«

»Die ganzen Ferien!« Unverkennbar meine Stimme. Dass sie so panisch klang, überraschte mich.

Ihre Hand berührte meine. Stromschlag. Vierhundert Volt – schätzungsweise. Sehr seltsam. »Ich könnte ihr aber auch sagen, dass ich mich verliebt habe.« Winzige Goldpunkte tanzten im Graugrün. »Dafür hätte sie Verständnis.«

Ich zog meine Hand zurück. »Und?«, fragte ich. »Hast du?«

Die Goldpunkte verloschen wie Sternschnuppen auf graugrünem Himmel.

Natalja stand auf. »Ich muss los. Du wirst eine wunderbare Gilda. Ich freu mich für dich.«

Dann war sie weg und ich wunderte mich über die Leere, die sie nicht nur mir gegenüber auf der samtbezogenen Sitzbank hinterließ, sondern auch in der Gegend, in der ich meinen Magen vermutete. Oder das Zwerchfell. Oder sonst irgendwas Lebenswichtiges. Ich beruhigte mich selbst. Wahrscheinlich hatte ich einfach diese Berg-und-Tal-Fahrt der Gefühle nicht vertragen. Das war immer schon so gewesen. Von Ringelspiel, Hochschaubahn und ähnlichen Lustbarkeiten war mir regelmäßig übel geworden.

Klarerweise musste ich alles noch einmal erzählen. Ausführlich. In allen Einzelheiten. Meine Mutter hörte aufmerksam zu. Aber noch aufmerksamer schaute sie mich an. »Ist das nicht die Stelle, wo du auf und ab hüpfen müsstest und kleine spitze Jubelschreie loslassen?«

Sie hatte recht. Müsste ich. Frage: Warum tat ich es dann nicht? Antwort: Ich hatte nicht die leiseste Ahnung.

24.

Der Traum. Ich war wieder in Venedig, in der kleinen Kirche. Aber ich saß nicht auf dem Boden der Kirche, sondern war Mitwirkende auf einer der Videoflächen. Ich war eine Projektion. Langsam, ganz langsam ging ich auf den Innenraum der Kirche zu. Es war dunkel, aber ich konnte erkennen, dass dort jemand stand und auf mich wartete. Eine große dunkle Gestalt, bewegungslos, schaute mir entgegen. Ich ging noch einige Schritte näher, um das Gesicht sehen zu können. Stattdessen wurde ich völlig überraschend von einem Wasserschwall getroffen. Wasser lief mir aus den Haaren, das dünne Kleid klebte an meinem Körper. Ich rang nach Luft, versuchte, den Wasserfilm auf meinen Augen wegzublinzeln. Die dunkle Gestalt war jetzt vervielfacht – wie durch ein Kaleidoskop betrachtet. Noch ein paar Schritte nach vorn und ich wusste, wer da stand und auf mich wartete.

Mit einem Ruck setzte ich mich im Bett auf und griff nach meinen Haaren. Es hätte mich nicht im Mindesten überrascht, wenn sie tropfnass gewesen wären.

Es war hell draußen. Ich hatte lange geschlafen und fühlte mich großartig. Die Leere, die ich gestern in der Zwerchfellgegend gespürt hatte, war jetzt mit etwas Lebendigem angefüllt, das ich nicht genau definieren konnte. Wenn es Schmetterlinge waren, dann flatterten sie nicht, sondern trugen Bergschuhe und tanzten eine Art Polka. Auch gut. Alles war gut.

Ich weckte mein Handy auf, tippte die Nummer ein und bekam nach längerem Läuten als Antwort etwas, das wie Popcorn in der Entstehungsphase klang. Na schön, dann eben Festnetz.

Eine sehr sonore Männerstimme. Nataljas alter Herr vermutlich. Wenig begeistert. Klarerweise viel zu früh für einen Schauspieler. »Natalja?«, sagte er und gähnte ausgiebig. Ja, danke, ich hatte begriffen, dass ich ihn aufgeweckt hatte. »Die sitzt jetzt …« Pause für den vermutlich vorwurfsvollen Blick auf die Uhr. »… ja, die müsste schon im Flugzeug nach Moskau sitzen. Sie hat sich ganz überraschend entschlossen und noch einen Last-Minute-Flug bekommen. Nicht einmal zum Packen hatte sie Zeit. Ich muss ihr alles nachschicken.«

Freier Fall in die Enttäuschung. Neuerlicher Versuch am Handy. Ich musste Natalja erreichen. Ich musste es ihr sagen.

Sie konnte ihr Handy unmöglich abgestellt haben. Ein Mensch ohne Handy-Verbindung ist ein Meteorit irgendwo im Weltraum, darin sind wir uns einig.

Dann traf mich das Begreifen wie eine kalte Dusche. *Bitte schalten Sie jetzt Ihre Mobiltelefone aus und lassen Sie sie während des ganzen Fluges ausgeschaltet,* hörte ich eine Stimme sagen. Die Flugbegleiterin im rot-weißen Kostüm vor dem Start nach Venedig.

Ich ließ das Handy weiter läuten. Dann eine Stimme. Sehr weit weg. Mit Popcornbegleitung.

»Ja? Hallo?«

Natalja. Vanilleduft mit einem Hauch Rosmarin, erinnerte sich meine Nase. Und Apfelstrudel beim Sperl.

»Natalja? Ich bin's.«

»Hej!« War das Freude, was ich da heraushörte? »Ich ... Flugzeug ...« Bruchstücke ihrer Stimme. Störgeprassel übernahm. Dann wieder Natalja: »... an Bord ... Verbindung ... kann nicht ...« Im nächsten Augenblick nur noch ein Geräusch, als würde jemand direkt neben meinem Ohr Nüsse knacken. Ich sagte trotzdem, was ich sagen wollte. Ziemlich laut – wegen der splitternden Nussschalen. Obwohl mich Natalja bestimmt nicht mehr hören konnte.

Meine Erinnerung hat ohne mein Wissen mehrere Kurzfilme angefertigt. Alle mit derselben Hauptdarstellerin.

Stufen einer Brücke in Venedig. Hungrige Katze. Natalja teilt einen Käsetoast mit ihr. Neuer Fan auf vier Pfoten.

In der Schauspielschule. Letzter Tag der Prüfung. Natalja kommt auf mich zu. Teilt ihr Lächeln mit mir. Neuer Fan auf zwei Füßen.

Blick aus dem Kaffeehaus. Natalja zieht Blicke auf sich. Ein Typ dreht sich im Gehen um. Die Straßenlaterne. Neue Beule vermutlich.

»Hallo!«, sagte meine Mutter.

Ziemlich laut. Ziemlich verwundert. Sie hatte wohl schon mehrere vergebliche Kommunikationsversuche unternommen.

»Burgtheater! Vertrag! Gilda! Happiness ist angesagt! Schon vergessen?«

Sie hatte natürlich recht.

Und ich WAR ja auch glücklich. Glücklich genug, um bei Gelegenheit die eine oder andere Welt zu umarmen. Glücklich genug, um großzügig darüber hinwegzusehen, dass der neue Lover meiner Mutter um gute zehn Jahre jünger war als sie. Aber irgendetwas in mir beschäftigte sich hartnäckig mit absurden Fragen. Rechenaufgaben, genau genommen. Wie viele Zentimeter zwischen Wien und Moskau lagen. Und wie viele Sekunden zwischen jetzt und September.

Als ich später dann aus dem Haus trat, blieb ich kurz stehen und blinzelte in die grelle Helligkeit der Sonne. Zu stark war der Kontrast nach der Dunkelheit des

Treppenhauses. Meine Augen brauchten eine Weile, um sich an das Licht zu gewöhnen.

Seltsame Dinge macht das Unterbewusstsein. Man kennt das. Bei intensivem Wunschdenken spielen einem die Sehnerven die wildesten Streiche. Stichwort: Fata Morgana. Einer marschiert durch die Wüste, ist knapp am Verdursten und wünscht sich nichts so sehr wie eine Oase mit dazugehörendem Wasservorrat. Die Augen des Verdurstenden suchen verzweifelt den Horizont ab. Und was sieht er: Palmen, Konturen von Häusern, möglicherweise eine Karawane. Er mobilisiert die letzten Kraftreserven, um den rettenden Ort zu erreichen, aber dann löst sich alles in nichts auf. Sand, so weit der Blick reicht. Alles bloß Spiegelung und Täuschung. Das Einzige, was er noch sieht, ist seine nahe Zukunft als bleichendes Gerippe.

Bei mir lief die Sache so, dass ich Natalja nicht irgendwo am Horizont, sondern auf der anderen Straßenseite sah. Weiße Leinenhose, weißes T-Shirt. Hatte ich noch nie an ihr gesehen, aber es war unverkennbar Natalja. Sie stand ganz ruhig da und schaute mir entgegen. Natürlich war mir klar, dass es sich um eine Sinnestäuschung aufgrund von intensivem Wunschdenken handelte. Ich ging einfach auf sie zu. Solche Gedankenprojektionen lösen sich bekanntlich in nichts auf, wenn man ihnen nahekommt.

»Hej«, sagte die optische Täuschung.

EPILOG MIT MEHREREN BÄREN
ODER:
NA UND?

25.

»Ich spiele am Burgtheater und ich habe mich verliebt«, sagte ich später dann, vor dem Schlafengehen, zur gelichteten Reihe meiner Bären.

Keine Antwort.

»Sogar die berühmten Schmetterlinge machen komische Sachen«, ergänzte ich.

Die Bären blieben stumm.

»Sie ist Russin, zur Hälfte jedenfalls, alle sagen, dass sie unglaublich begabt ist, und sie ist einfach – super.«

Keine Reaktion vonseiten der Bären.

»Man muss sich das vorstellen! Sie war schon fast im Flugzeug drin! Vielleicht war deswegen die Verbindung so schlecht. Keine Ahnung. Jedenfalls hat sie trotzdem verstanden, was ich gesagt habe. Aber man wollte sie nicht zurückgehen lassen. Daraufhin hat sie behauptet, sie hätte ein lebenswichtiges Medikament vergessen. Sie muss ziemlich glaubhaft gewesen sein. Zwei Security-Leute haben sie abgeholt und zurück in die Abflughalle gebracht. Zum Glück war sie nur mit Handgepäck unterwegs, weil sie es so eilig hatte, zum

Flughafen zu kommen. Wenn nämlich jemand nicht mitfliegt, der Gepäck eingecheckt hat, dann gibt's Terroralarm. Wär ihr aber auch egal gewesen, hat sie gesagt. Cool – was?«

Keiner der Bären antwortete.

»Sie muss ziemlich überzeugend gewesen sein. Notfalls hätte sie auch einen epileptischen Anfall simuliert, hat sie gemeint. Hab ich schon erwähnt, wie super sie ist?«

»Aber sie ist ...« Das kam ausgerechnet vom schäbigsten aller Bären. Er stammt noch aus der Kindheit meiner Mutter, die in grauer Vorzeit stattgefunden hat. Er hatte noch von damals den lächerlichen Namen Zotti und war von mir nie umgetauft worden.

»Sie ist – was?«, fragte ich kampfbereit.

»Sie ist eine Frau.«

»Na und?« Ich weiß nicht mehr, ob ich das alles laut gesagt oder vielleicht doch nur gedacht habe. »Vor zwölf Jahren war ich in DICH verliebt. Und du bist ein Bär. Ein Plüschbär, um genau zu sein. Ein nicht mehr taufrischer Plüschbär, um ganz genau zu sein.«

Darauf sagte er nichts mehr.

Von Edith Schreiber-Wicke u. a. ebenfalls bei Thienemann erschienen:

Zu viele Zeugen
Freier Fall
Schatten der Angst
Stummer Schrei

Schreiber-Wicke, Edith
Viel Lärm um mich
ISBN 978 3 522 18117 4

Reihen- und Einbandgestaltung:
init.büro für gestaltung, Bielefeld,
unter Verwendung von Motiven von © iStockphoto.com
(Holger Wulschlaeger, Anders Aagesen, Alex Kalmbach,
Matt Jeacock)
Innentypografie: Kadja Gericke
Schrift: Giovanni Book und Airstream
Satz: KCS GmbH, Buchholz/Hamburg
Reproduktion: Medienfabrik, Stuttgart
Druck und Bindung: Friedrich Pustet, Regensburg

5 4 3 2 1° 08 09 10 11

www.thienemann.de

Michaela Hanauer

Mädchen für alles

240 Seiten · ISBN 978 3 522 18023 8

Was für ein Traummann!, denkt Jana, als sie Nils das erste Mal sieht. Aber Männer können ihr gerade gestohlen bleiben, denn im Moment zählt nur ihr Traumjob im Hotel. Blöd nur, dass der Typ genau dort arbeitet, wo sie Mädchen für alles sein soll ...

Cora Gofferjé

Everybody's Darling

272 Seiten · ISBN 978 3 522 18116 7

„Fee, hast du mal die Hausaufgaben?" – „Fee, kannst du mal eben für mich einkaufen gehen?" – Klar, wer sonst! Fee ist sauer. Für alle ist sie nur die gute Fee, die liebe Fee, die immer Ja sagt. Das muss sich ändern, und zwar sofort!

Martina Sahler

China Blues & Grüner Tee

192 Seiten · ISBN 978 3 522 18048 1

Dinah ist glücklich: Ihre berufliche Zukunft liegt glasklar vor ihr. Und ihr Herz hat schon lange den Richtigen gefunden! Glücklicher als sie und Timo kann niemand sein. Doch dann ziehen Dinahs Eltern nach China. Für ein Jahr. Und sie muss mit ...

THIENEMANN

ich bin ich